脱資本主義宣言

グローバル経済が蝕む暮らし

鶴見済

新潮社

目次

第三章　初心者のための〃批判的〃経済入門

第四章 自然界とのつながり

脱資本主義宣言

はじめに

「経済のためだから仕方がない」のか？

「経済のためだから、理想論ではなく現実問題として、仕方がない」。

こんな言葉の前に我々は、どれだけ多くのことを諦め、思考を停止させられてきたことだろうか。それが戦後「エコノミック・アニマル」と呼ばれてきた、日本に生きる我々の姿だ。その行き着いた先が、あれほど悲惨な原発事故を起こしても、まだ「経済のため」に原発をやめると決められないこの現状なのだ。それは原発に限ったことではない。

時々、「これをおかしいと思うのは、自分だけなのだろうか」と不思議な気分になることがある。

道路ではおびただしい数の自動車がいつでも渋滞を起こし、その渋滞をなくすために、車を減らすのではなく、無数の道路工事が行われている。工事は道路に限らず、ビル、駅前、橋、ダム……と、どれだけやってもやめられない。

量販店に並ぶパソコンやテレビや携帯電話などのおびただしい家電製品は、買い替えることばかりが奨励され、数年で修理もできなくなるものが多い。

立ち並ぶ自動販売機やコンビニに並んだ、おびただしい数の缶ジュースや缶コーヒーの市場には、飽きられないように次から次へと新製品を投入しなければならない。

そして十分足りているものをさらに買わせるためには、おびただしい広告が必要だ。

それらの帰結として出てくるおびただしいゴミの問題は、生産を減らすことでなく、膨大なエネルギーを費やすリサイクルで解決しようとしている。

一方、生きるうえで絶対に必要な食べ物や着る物は、次々と輸入品に置き換わり、こんなことでよく国内に仕事が残っているなと感心するほどだ。

さらに国境を越えてやり取りされる数字だけのカネは、実体を伴った貿易の額の一〇〇倍にものぼり、こうしたおびただしいカネの移動があちこちでバブルと経済破綻をひき起こしている。

枚挙に暇がないが、このまま挙げていけば日本で行われる「仕事」の相当の部分が出てきてしまいそうだ。

我々はこれを続けるしかないのだろうか？　こんなふうにものを買っては捨て、作っては壊し、右のカネを左に動かしながらカネを稼いで生きていくしかないのか？　それどころか、これを続けるのはマズイのではないか？　誰だってそう思うはずだろう？

けれどもこんなことを考えていると、「経済のためだから仕方がない」の言葉が思考停止を迫ってくる。やっとその「経済」とやらの勢いが弱まってホッとしていると、「経済の調子が悪いぞ」「消費を伸ばせ」という大合唱が起こり、そのための政策が取られるのだ【註1】。

「経済のため」とは何だろうか？　考えてみるとよくわからないが、この資本主義と呼ばれる経済の仕組みのせいで世の中はおかしくなっているのではないか？

本書が提起しているのは、そういう疑問だ。

【註1】自動車と家電への補助金や税金の免除がお決まりのパターン。

浪費と搾取は誰のせいか?

「経済のため」についてもう少し説明しよう。

本文でも繰り返し述べているとおり、我々の住む「北」の国々での浪費は、「南」の人々と自然界から富を奪うことによって成り立っていると言える【註2】。「南」の貧困と環境破壊はある意味で、この過剰な生産や浪費の「しわ寄せ」なのだ。けれども、自分たちの食べ物や着る物がどんなふうに作られているか知らされていない現状では、それに気づけるはずもない。

悪いのは「北」の我々全員だ、という意見は多いし、確かにそれは間違っていない。けれども本書ではその立場は取っていない。「北」のなかにも人に浪費をさせて儲けている人と、浪費をさせられている人がいる。搾取をしている人と、されている人がいる。「北」でも貧富の格差が開き、浪費どころではないカネのない人も増えている。その浪費をさせ、搾取をしている側を問題にするべきではないだろうか?

彼らを「大企業」とも「資本家」とも「経済界」とも、何と呼んでもいい【註

【註2】本書で言う「北」の国とはいわゆる「先進国」、「南」の国とは「発展途上国」「第三世界」のこと。こうした呼び方には「南」を劣っているものとする意識がうかがえるので、本書ではその呼び方は避けた。第三世界とは、もともと旧西側諸国を第一、旧東側諸国を第二世界と呼んでいた頃の、それ以外の国の呼び名だった。ただし、呼び方にそれほど厳密である必要はない。

3】。彼らのネットワークは「北」「南」の区別なく世界中に広がり、政治家や官僚とつながって、社会の上に居座っている【註4】。彼らが「一パーセント」であり、我々が「九九パーセント」だ。

「北」であれ「南」であれ、彼らの被害にあっている我々が皆で文句を言い、彼らに居座っている場所から降りてもらおう、そうやって問題を解決しよう、というのが本書の基本的な立場だ。

「経済のため」と言うと、社会全体のことを考えているように見えるが、実際には彼ら大企業や経済界上層部のカネ儲けのためにすぎない。農業や漁業や個人経営の商店が盛んになるのも経済の活性化だし、働く人の給料が増えるのも経済のためにはいいはずだ。なのにそれらはむしろ、「経済のため」に切り捨てられるものと相場が決まっている。

同じことは「経済成長のため」についても言える。それは、そうした企業がこの先も儲けを増やしていくため、ということだ。では、どこまで儲けるのか？どこまでもである。経済成長主義は儲け続けたい企業の願望の集合体でしかない

【註3】もちろんそれは、大企業にしろ経済界にしろ、上層部のことであって、その下で働いている大勢の人々は搾取され被害にあう立場にいる。

【註4】「南」にも、社会を牛耳って富を蓄えている人間がいる。「上」「下」という言い方はふさわしくないが、「北」にも「南」にも「上」と「下」があって、「上」どうしは国境を越えてつながっている。

ので、目標とする値などない。道路工事を永遠に続けたいのは、工事で儲けている企業だけだ。

そして「経済のため」が「大企業の儲けのため」なら、そのためにすべてを諦めて従っている我々は何なのか。それこそ我々が一番考えたくなかったことかもしれない。

身近な「グローバル化の問題」を実感する

本書の内容を紹介しておこう。

まず書いているのは、この世界に広がる経済の仕組みがばら撒いている被害についてだ。例えば、我々が日々の生活で使っているモノたちは、世界の各地からどんなふうにやってきて、その先々ではどんな問題が起きているか？　そのモノを企業はどんな手口を使って、我々に買わせているか？　さらに我々が捨てたモノはどこへ行くのか？

この国がこんなにたくさんの商品で溢れ返ったのは、どれほど最近のことか？

そこにはアメリカからのどんな圧力が影響し、一方でアジアからは何を奪ったのか？

そして、これらの経済の仕組みについての学説やカネの経済についても、初心者にもわかりやすくまとめている。つまり資本主義、新自由主義とは何か？　金融危機、通貨危機、債務問題は経済のグローバル化【註5】のどんな影響で起きるのか？

終わりには、これらの経済の仕組みに対抗するために依拠するべき別の仕組みについて書いている。

さらにコラムでは、デモなど様々な反抗の実例を書き添えた。これはここ一〇年以上も世界に巻き起こっている経済のグローバル化に抗う運動の紹介も兼ねている。

全体を通して、身近なところからこの経済のグローバル化の問題が実感できるように心がけた。

【註5】グローバリゼーションとは、モノ、カネ、人、情報などが国境を越えて自由に行き来するようになること。本書ではそのなかでも、モノとカネ（資本）の行き来の自由化を「経済のグローバル化」と呼んでいる。

自然界の外には出られない

それでは、経済の仕組みに代わるモデルとなる別の仕組みとは何か？　カネでない価値観をどこに求めればいいいか？

本書がその一例として取り上げているのが、自然界の仕組みや自然界とのつながりだ。

この地球上で永遠の成長を目指しているのは、我々ヒト【註6】だけである。我々だけが右肩上がりのグラフを理想としている。

自然界では、作ったものは廃棄物にするのではなく、常に分解して再生させながら循環させている。ある生物種の個体数が爆発的に増えても、限界に近いところまで来れば増加は止まる。ヒトのように、続きもしない一方向の動きは目指していないのだ。

確かに我々の多くは、自然界から切り離されているように感じる。このカネを伴った経済の仕組みは、あらゆるものを商品に変えながら地球上に広がっている。かつて世界中の村の共同体のなかでつながっていた人と人、人と自然の関係は、

【註6】本書では「ヒト」という表記を随所で使っているが、これは我々人類も生物の一種にすぎないことを強調したいがため。

カネを介した関係に取って代わられ、バラバラになってきた。我々は今や自らの衣食住のことまでカネで他人にやってもらうのが普通で、そのためのカネを稼ぐことが生きる営みそのものになっている。一人の人だけでなく、ひとつの国までもがそうなりつつある。この経済の仕組みは、地球を覆いつくしたとまで言われている。

ただし我々はそれでも、どうしようもなく自然界とつながっている。自然界に撒き散らされた放射性物質がありとあらゆるルートで自分の体内に入ってきた時、それを思い知った人も多いだろう。

このことだけは忘れてはいけない。

我々の食べ物は相変わらず、すべて自然界からやってくる。我々は植物の葉に光合成をしてもらって、太陽の光を食べて生きている【註7】。我々の体液が塩辛いのは、海にいた頃の名残であり、つまり我々の血管を流れているのは海の水だ。我々は誰もが、この自然界から必要な物質を集めて成長した。死ねば物質や熱に還元され、自然界に散らばるだろう。我々は皆、自然界の物質循環のなかにいて、その外に出ることなどできないのだ。

【註7】食物連鎖の出発点にあるのは、植物の光合成である。

「カネではない価値観」のために

喜ぶべきことに、この経済の仕組みの勢いが強まるほど、それに抵抗する力も強くなっている。世界ではむしろここ十数年の間、グローバル化する経済への怒りが噴出している。

この国でも、カネを介した関係に奪われた本来の人と人のつながり、人と地域のつながり、人と自然のつながりを取り戻す動きは盛んになっている。例えば、デモで騒ぎながら、自分たちのスペースでイベントを開きながら、農園で種を蒔きながら、カネではない価値観が育まれている。

考えてみればそれも当然のことだ。経済やカネは、我々がよく生きるために役立てばいいのであって、我々がそのために人生を犠牲にするのは間違っているのだから。

けれどもこういう時だからこそ、「経済のため」に従おうとする傾向があることも確かだ。原発に限らず経済全般に言えることだが、我々はこれから先もそれを続けるのか、あるいは方向転換をするのか？「経済の動物《エコノミック・アニマル》」を続けてきた我々に今突きつけられている問いは、それだ。

第一章

身近にあるグローバル化の被害

服と綿花とアラル海

「モードは死ななければならないし、ビジネスのためには早く死ぬほうがいい」

――ココ・シャネル【註1】

服の自給率わずか四パーセント

服は必要でもないのに買われ、まだ使えるのに捨てられる、異常な商品の代表だ。

日本では年間一一七万トンの服が買われ、同時に一〇六万トンが捨てられている【註2】。一人あたりでは、およそ九キロ買って、八キロ捨てていることになる。これはどのくらいの量になるのか。標準的な長袖シャツの重さを目安に計算すると、毎年シャツを四二枚買って、三八枚捨てていることになる【註3】。子どもか

【註1】ココ・シャネル（一八八三―一九七一）は、フランスでファッションブランド〝シャネル〟を創設した女性デザイナー。本名はガブリエル・シャネル。

【註2】経済産業省の〇五年の発表より。服の生産量、廃棄量、再利用量などに関しては、毎年データが取られているわけではない。

【註3】一枚二二〇グラムとして計算。

ら老人まで含めた、日本に住んでいる我々全員がだ。家電四品目（テレビ、エアコン、冷蔵庫、洗濯機）の年間廃棄量が六〇万トン程度という数字と比べてみても、それがいかに多いかがわかる。

それなのに、日本の服の自給率は四パーセントでしかない【註4】。そして輸入品の八割は中国からのものだ。中国には労働者がストライキをする権利もないのだから、それがどのくらいひどい労働環境で作られたかは、ある程度想像がつく【註5】。

日本の衣類・同付属品の輸入先
（2011年、財務省）

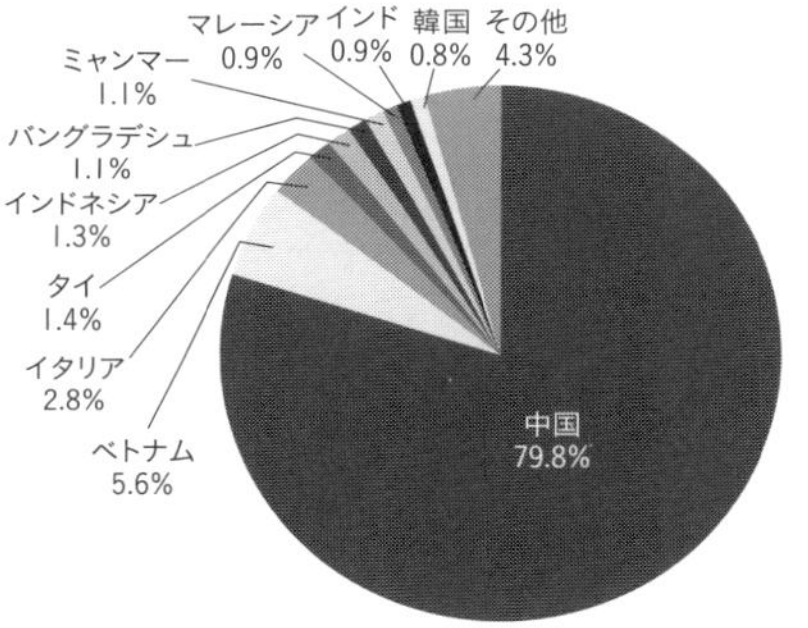

しかも日本で着られなくなった服は、八割近くが燃やされるなどして廃棄される【註6】。体型の近い東南アジア諸国へと送られ、普通の日用品として買われているものも一部にある。それならば日本で一般的に古着として専門店などで売られている服はどこから来るのかというと、

【註4】二〇一〇年の服の輸入浸透度（輸入量÷（生産量＋輸入量－輸出量））＝九六パーセントによる（経済産業省）。ちなみに日本、アメリカ、EUの三地域だけで、世界の服の輸入量の八割を占めている（〇八年）。

【註5】中国での服作りの環境については⇒P73。

【註6】中小企業基盤整備機構の一〇年に行った推計を参考にした。

あれらはわざわざアメリカやヨーロッパなどから輸入したシャレた古着であって、国内で回収されたものはほとんどないのだ（！）【註7】。これほど大量の服を捨てながら、古着すら輸入しているとは、どういうことなのか。

なぜ服というのは、これほど異常な消費のされ方をするのか？　そしてこんなことをしている負担はどこにかかっているのか？　まずはそれを見てみよう。

ファッション業界の戦略

服飾産業は、流行を作り出す仕組みを構造化してしまっている特殊な産業だ。まず、流行の服が売り出される二年前に、世界中の業界団体が集まって〝今シーズンの流行色〟を決める【註8】。それを受けてその半年後に、国際的な見本市【註9】で〝流行の素材〟が決められる。その一年後にそれらを使ってデザイナーが〝流行の服〟を作り、パリやミラノのファッション・ショーや展示会で発表する。その半年後、ついにそれが我々のいる〝川下〟の店舗で売られるというわけだ。もちろんこの頃にはもう、次の次の年の流行色が決められている。この流れに並

【註7】参考：『ごみハンドブック』（寄本勝美他編著、丸善、二〇〇八年）、他。

【註8】国際流行色委員会（インターカラー）がこの役割を担い、日本からは日本流行色協会が参加している。日本流行色協会は、服飾だけでなく、化粧品、機械工業、百貨店、広告代理店などの大小の企業から成っている。けれども、そもそも流行を自分たちで勝手に決めることができるとする姿勢自体が、大衆操作的でよくない。

【註9】パリで年二回行われる見本市、プルミエール・ヴィジョンが有名。

行して、ファッション雑誌やジャーナリストが〝未来のトレンド〟を予測し、広告戦略や販売計画も立てられていく。彼らはこのサイクルを年に二回ずつ繰り返している。

人々はこれに煽られて流行を追わされ、洋服箪笥《だんす》がもう一杯なのに、それでも服を買うのだ。ココ・シャネルは「ファッションは時代遅れを作るために作られる」とも言っている。ご苦労様と言いたくなるが、誰だってこの仕組みからそう簡単に逃れられるものではない。

五〇年代のアメリカでは、婦人服の業界が行っていた手法を多くの他の分野のデザイナーが熱心に学んで、時代遅れを生み出しては新たに買わせるという「計画的陳腐化」の戦略を練り上げていった【註10】。つまり今ではそれがどこまで及んでいるのか、計り知れないのだ。

綿花栽培で干上がるアラル海

こんなことをやっていては、服の素材を作っている側がたまったものではない

【註10】「計画的陳腐化」は、服飾、自動車、家庭用品、食品など、様々な分野で採用されている売るための戦略。商品を壊れやすく作る〝物理的陳腐化〟、よりよい機能を持つ新製品を発売する〝機能的陳腐化〟、以前の商品を単にスタイル的にみっともなく感じさせる〝心理的陳腐化〟の三つに分けられる。ファッション業界がやっているのは、主に〝心理的陳腐化〟（⇒P44）。

ことは、目に見えている。では天然の繊維としては最もよく服に使われる素材・綿（綿花）の生産現場はどうなっているのか？

綿花の輸出量では世界第三位【註11】のウズベキスタンという国について知る人は少ないはずだ。中央アジア、アフガニスタンの北に位置するこの国の国土の八割は砂漠だ。旧ソ連の領土の一部にされた時に、綿花のモノカルチャー（単一栽培）経済を押しつけられ、今も全人口の四割もが綿花栽培に従事している。また、日本が大部分の服を輸入している中国は、ウズベキスタンにとって主要な綿花の輸出先だ。

問題は、ただでさえ綿花栽培が大量に水を使うことだ。その領土内にあるアラル海は、かつては世界で四番目に大きい湖だったが、そこに流れ込む川の水が堰き止められて綿花の灌漑用に使われ【註12】、今ではその体積も一〇分の一以下に減少し、消滅はもはや時間の問題と言われている。アラル海は塩水湖だったため、塩分濃度の上がった水中では生物のほとんどが死に絶え、生態系は壊滅した。このアラル海の悲劇は、「二〇世紀最大の環境破壊」として知られている。

バーチャル・ウォーター（⇒P189）とは、ある国が輸入する産物のために

【註11】二〇一〇年。International Cotton Advisory Committeeの統計より。

【註12】ただしその水の六割は途中で失われ、作物には届いていない。

海外で使われた水のことで、この水も間接的に輸入国が消費していると見なされる。こうした水のことまで考えるのが当たり前になってきているのだから、我々もアラル海の枯渇に一役買っていると言える。

破壊されたのは環境だけではない。漁業や水運など人々の生の営みは失われ、干上がった湖底に残された塩が、毎日吹き荒れる砂嵐に混じり、かつての湖畔に栄えた街の人々の健康を著しく害している。しかも綿花は、他の農作物よりも特に多くの殺虫剤を使うことで知られる。こうした塩や残留農薬のせいで、ここでの食道癌の罹患率は世界一になっている。

干上がるアラル海
(Photo by NASA)
左が1989年、右が2008年。

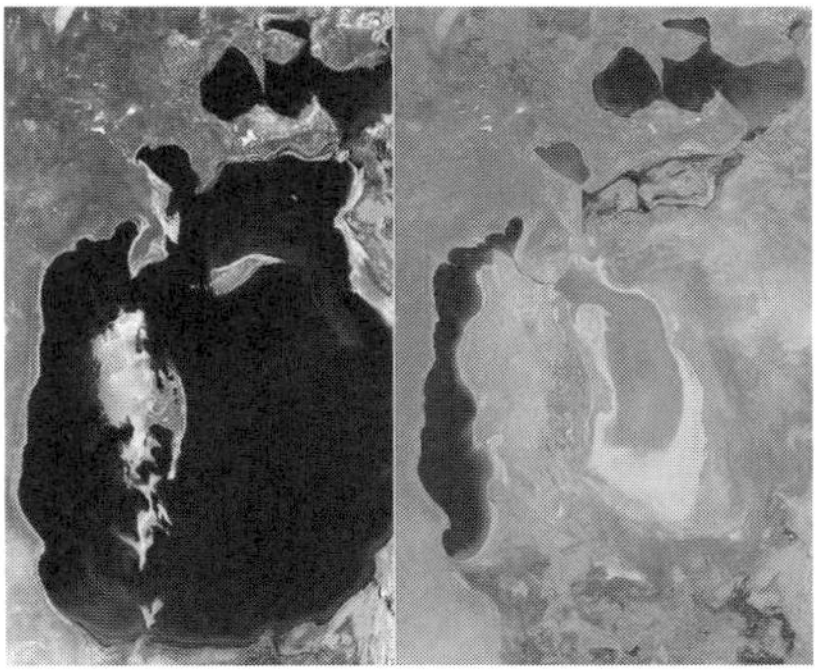

さらにウズベキスタンでは、今も続く独裁政権が綿花収穫時に全国の学校を二ヶ月も休みにして、生徒に一日八時間以上の収穫作業を強制している。日本ではほとんど知られていないが、その児童労

働に国際的な非難や不買運動も巻き起こっているのだ。収穫された綿花は、国と癒着した商社が国際市場よりもはるかに安い価格で農家から買い取り、独占的に輸出するという過酷な搾取まで行われている。

自分たちが使うわけでもない綿花の栽培が、ウズベキスタンを崩壊させた。今ここに必要なのは、単に綿花以前の状態に戻していくことなのだ。

流行を追いかけてきた代償

こうした環境破壊や搾取は、ウズベキスタンほどではなくても、多かれ少なかれ世界中の綿花の単一栽培地で起きていることだ。綿花に限らず、コーヒー、カカオ、サトウキビ、ピーナッツ、バナナ……といった、主に先進国で大量に消費される、主食にもならない〝換金作物〟の単一栽培地にも付いて回る問題だ。そして「南」の国々にそれを押しつけたのは「北」だ。

我々は気づかないうちに、「南」の人たちと自然環境に負担を押しつけながら、流行を追うような真似をしていた。「服やその素材を作っている人や場所のことなど考えてもみなかった」というのが、我々の大多数だろう。代わりに我々が考えていたのは、服の流行のことや自分の見た目のことばかりだった。けれどもそれは、我々がそうしたくてやっていたとも言えない。ファッション業界を見ればわかるとおり、人々をそう仕向けて儲けている連中がいるのだ。

またこの国では、ヨーロッパやアメリカに比べて、海外の生産工場や生産農家の情報はあまりにも少ない。それもやはり、「そんなことを伝えたら商品の売上げを落とすかもしれない」という配慮が至る所でやんわりと働いているからだろう。ならば過度に自分のせいにせず、そうやってカネを儲けている連中を批判したほうがいい。そして服は流行遅れでもいいから、できるだけ繕って着古すことだ。そうしないと、干上がったアラル海に苦しんでいる人たちが浮かばれない。

原発の輸出と重工業界の支配

「北」が「南」に原発を売り込んだ

原発の問題には、この国と世界が抱えている経済や社会の問題が凝縮された形で詰まっている。大企業と政治家と官僚の癒着、マスコミと学者の翼賛、アメリカがかけてくる圧力、アジアへの輸出、中央と地方の権力の関係、等々、今白日の下に晒されているのは、これまで見たくても見えなかった、社会を牛耳るための裏の仕組みなのだ【註1】。ここでは、数ある原発問題のなかから、なぜかそれほど問題にならない原発の輸出に焦点を当てて見てみよう。

二〇一一年三月一〇日まで、日本は国をあげて原発ブームに沸いていた。なかでも原発の輸出は国の経済成長戦略の柱であり、ベトナムの原発受注決定は新聞のトップニュースになり、次はタイだトルコだと騒がれていた。国内では二〇年

【註1】『原発導入のシナリオ〜冷戦下の対日原子力戦略〜』という、九四年にNHKが制作したドキュメンタリーは必見である。日本の新聞社やアメリカが原発導入に際して、どれほど大きな役割を担ったかが明らかにされている。

までに九基、三〇年までに一四基以上の原発を新増設する計画が立てられ、マスコミも「原子力ルネッサンス」と大騒ぎしていた。

事故によって国内の新増設は見直されたものの、脱原発にはなかなか向かわないし、輸出の勢いは止まる気配がない。なぜここまで止まらないのだろうか?


アジアでは日本、韓国、中国、台湾、インド、パキスタン、イランで原発が運転をしている。今後新設が計画されている国は、ベトナム、UAE、トルコ、ヨルダン、カザフスタン、マレーシア、バングラデシュなど多数に上る。今世界で、これほど原発の建設に励んでいる地域は他にない。

アジアでは九〇年代に原発建設が進んだが、その原因はやはり「北」にある。チェルノブイリ事故の影響などから、自国内で原発の新設が難しくなったアメリカ、フランス、カナダなど「北」の原発メーカーが、アジアに活路を見出して売り込みをかけたからだ。特にアメリカは低金利で資金を貸してまで、韓国や台湾に原発建設を勧めた。この資金提供がなければ、これらの国が原発導入に踏み切れたかどうかはわからない。

もちろん日本も、後れてではあるが、この売り込み競争に加わっている。日本企業はこれまでに、中国、台湾、韓国、パキスタンなどへ原発の一部を輸出してきた。台湾の第四原発は、GE（ゼネラル・エレクトリック）の下請けとして、主要部分はすべて日本企業が輸出している。また日本は東アジア・東南アジア諸国に対し、共同でセミナーを開催してパブリック・アクセプタンス（PA＝社会的受け入れ）戦略、つまり国民や住民の懐柔の仕方まで普及させてきたのだ【註2】。

「グローバル原子力企業」に向かう東芝

原発の輸出を熱望しているのは、政治家でも官僚でもなく、企業である。それも電力会社ではなく、原発を売って儲けるメーカーだ。

日本で原発を作る企業は三つある。東芝、日立、三菱重工の三社だ。一〇年には、この三社に電力会社九社（東京電力、関西電力など）、投資会社一社が加わった〝オール・ジャパン〟体制で、ベトナムに売り込みをかけ受注を獲得してい

【註2】PAとは、原発のような影響の大きい施設を作ることについて、社会全体や地域の合意を形成すること。マスコミや教育を利用した戦略が今も熱心に研究されている。日本では五〇年代の半ば、アメリカの意向を受けて原発を導入するため、原子力を嫌う国民の意識を変えようと、世論操作が行われた（その中心となったのが、読売新聞と日本テレビの社長だった正力松太郎だった）。当初から原発にはPA戦略が付きものだった。その頃のアメリカのようなことを、今度は日本がアジア諸国に対して行っていることになる。

る。原発一基分の費用と言われる五〇〇〇億円もベトナムに貸し付ける約束だ【註3】。

日本の三つの原発メーカーのなかでも、グローバル原子力企業への道を突き進んでいるのが東芝だ。東芝では原子力事業部上がりの社長が原発を事業の柱に位置づけ、熱烈に推進してきた。二〇〇〇年代後半には、アメリカのGEと並ぶ原発メーカーだったウェスティングハウス社を六六〇〇億円という高額で買い取り、カザフスタンのウラン鉱山権益も買った。さらにはアメリカと共同で、モンゴルでウラン燃料を作り、ここに核廃棄物を捨てる計画まで秘密裏に進めていた【註4】。「原子力のすべてを担いたい」と広告で謳っていたとおり、ウラン採掘から発電、

世界の主な原発メーカーの勢力図
日本のメーカーが世界をリードしている。

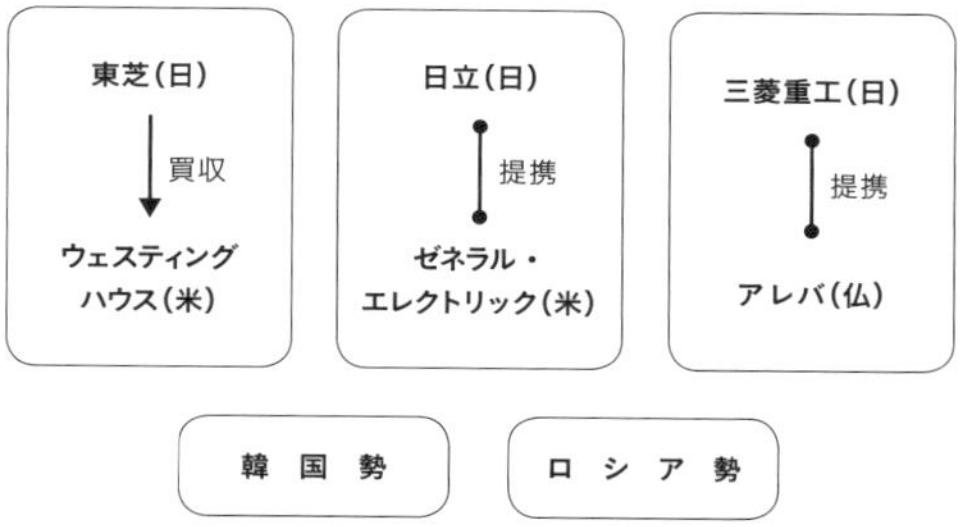

【註3】こうして「南」の国を借金漬けにしていくことも、別の大きな問題になっている（⇒P153）。

【註4】結局核処分場を作る計画は、一一年にモンゴルから拒否されて失敗した。

廃棄物処理まで、自社製の原発が事故を起こした時の損害賠償を除いて、すべてを扱える総合原子力企業を目指していた【註5】。そして事故が起きてもその戦略は変えていないのだ。ここまで原子力に投資した以上、撤退するわけにもいかず、ますますのめり込んでいると見られている。

けれども、ウラン鉱山でも労働者は被曝しているし、鉱山から掘り出した土でも環境は汚染される。他国での核廃棄物の処分場建設など、有害ゴミを他国に送るだけでも厳しく非難されるのだから、許されるわけがない。

ウランを掘り、原発で燃やし、核廃棄物を捨てる。川上から川下まですべてが有害なこのプロセスを、アジアにどんどん作って儲けようとしているのだ。東芝がここにのめり込むなら、数ある悪徳グローバル企業のなかでも最悪の部類に入るだろう。

原発ひとつ取ってみても、「南」の国で大事故が起きれば、アメリカ、ソ連、日本のケースを凌ぐ大惨事になりうる。そんなことくらい想像できないのだろうか？　いや、できているに違いない。ただ、一基五〇〇〇億円の「大口受注」の誘惑の前では、大した問題ではないのだ。

【註5】新しく原発を持つ国では、燃料の供給から廃棄物処理まで一括してやって欲しいという要求が強いので、こうしたほうがより受注がしやすいのだろう。

カネ儲け以外の基準や尺度は、企業には通用しない。企業の論理とは実に恐ろしいが、ここに原発が止まらない理由の大きな部分が見えている。

最も電気を使う「製造業」

ある国が原発を持つ表向きの理由は、もちろん電力を供給するためだ【註6】。アジアで原発建設が盛んになった背後には、工業化が進んだことでより多くの電力が必要になったという事情がある。東アジア・東南アジア諸国で使われる電力は主に工業・産業向けであり、多くの国では家庭向けを凌いでいる。電気が通っていない地域もまだまだある【註7】。そしてこれらの国の工業化はもともと、日本をはじめとする「北」の国々の工場が、安い労働力を求めて進出したために起きたのだ。

日本の電力消費の内訳
（2009年度、EDMC）

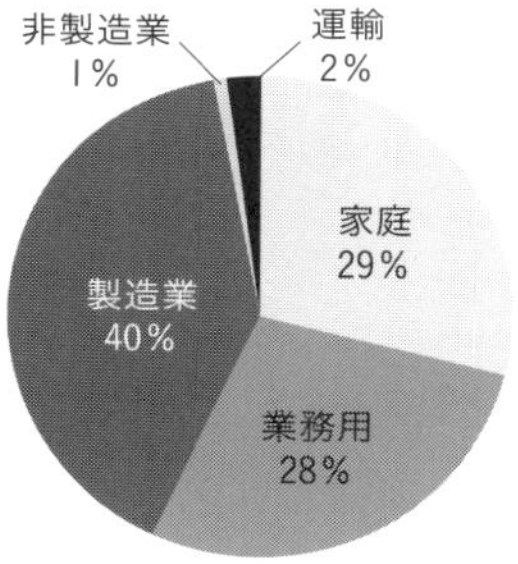

【註6】裏の大きな目的は、核爆弾を作る技術と材料を持つことであり、必ずしもカネ儲けのためだけに原発が存在するわけではない。これも原発を止まらなくさせている大きな要因だ。

【註7】原発が二〇基も稼動しているインドでは、国民の二〇パーセントがまったく電気のない生活をしているという（毎日新聞、二〇一二年三月二一日）。

つまり「北」がこれらの国に原発を輸出するのは、自分たちの工場に電気を供給するためとも言える。実際にベトナムなど東南アジアに進出した日本企業の工場では、電力不足や停電を問題点に挙げるケースが目立っている【註8】。結局原発を作って儲けるのも、その電気を使うのも製造業を中心とする大企業であって、原発とは彼らのためにあるようなものだ。農民や漁民、あるいは一般の家庭はその恩恵も少ないのに、事故が起きた時に受ける被害だけは計り知れないというわけだ。

　実は、日本国内でもこれは同じだ。国内で一番電力を浪費している分野は「製造業」の四〇パーセントであり、家庭の消費量は二九パーセント、オフィスや商店が使う「業務用」は二八パーセントにすぎない。製造業のなかでも、金属機械（自動車や電機など）、鉄鋼、化学工業の順に消費量は多い【註9】。これらは本書でも繰り返し書いているとおり、すでに「作りすぎているもの」なのだから、電気が足りないならこれらの生産を減らすべきなのだ。

　けれども電力、自動車、電機、鉄鋼などの大企業はこの国の経済界の中心にいる【註10】。日本は経済界のなかでも、金融やＩＴなどよりはるかに、重工業の発

【註8】日本貿易振興機構（ＪＥＴＲＯ）の一〇年度のアンケートによると、生産面での問題点に「電力不足・停電」を挙げた日系の製造企業は、ベトナムで七〇パーセント、バングラデシュで六四パーセント、インドで五七パーセント、フィリピンで四七パーセントなどとなっている。

【註9】以下には、パルプ、食品が続く。〇九年度のデータ。日本エネルギー経済研究所計量分析ユニット（ＥＤＭＣ）の推計による。『ＥＤＭＣ／エネルギー・経済統計要覧二〇一一年版』より。

【註10】これまでに経団連会長を多く輩出し

言力が強い国だ。それらが高度成長期から長らく、国と一体になって思うがままに事を進めてきたため、今も強い利権を握っているのだ。それは工業化しようとしている国では、多かれ少なかれ同じはずだ。だからこそ原発は、人々の思うようにはならない。こうして人々が大企業の犠牲になっているのが、今のこの世界の有様だ。

原発の問題は、こうした経済と社会全般の裏の構造の問題だ。原発を止めるだけでも大変なことだが、根本的にはこの構造を変えなければならない。

てきた企業は、新日鉄が三人で一位、東京芝浦電気（東芝）とトヨタが各二人で二位となっている。

ゴミの輸出と買わせる戦略

「買うことだ。どんなものでも」

――アイゼンハワー元米大統領【註1】

アメリカに次ぐゴミの量

街中を騒々しく徘徊するあの廃品回収車が引き取っていった製品は、どこへ行くのだろうか？　あれらは別の業者に売られ、多くはアジアへ輸出されると見られている【註2】。

日本に住む我々のほとんどは、多分、新しい商品を見たり作ったりするのと同じほど熱心には、捨てているゴミについて考えていない。そのことが極めてマズイ事態を招いているのではないか？

大戦直後の日本は見事なゴミゼロ社会だったが、高度成長期以降ゴミ（一般廃

【註1】五〇年代後半の大不況時に、景気後退を防ぐために国民は何をすべきかと聞かれた時の発言。

【註2】参考：朝日新聞、二〇〇八年一月八日、他。

ゴミ（一般廃棄物）の総排出量の推移
（環境省）

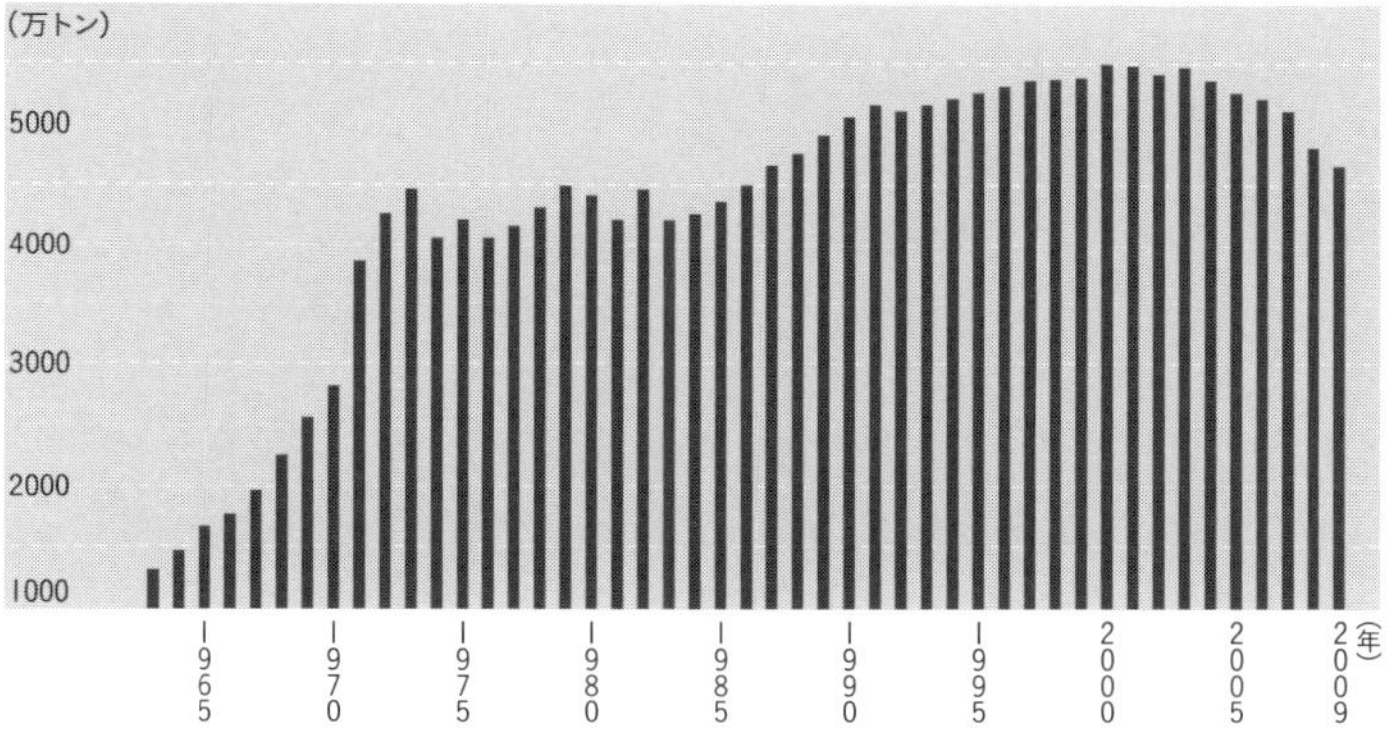

棄物）は急激に増えはじめ、九〇年頃までその伸びが続いた。その後二〇〇〇年をピークに少しずつ減ってきてはいるものの、まだ年間四六〇〇万トン、一人一日あたりでは約一キロものゴミを出している【註3】。OECD諸国のなかでもアメリカに次いで多い量だ【註4】。その間に有料化など、ゴミ削減の努力がなされている割には、まだまだ多いと言わざるを得ない。

ペットボトルを例にとって見てみよう。七七年に醤油の容器として登場したペットボトルは、八二年からは飲料容器としての使用が認められた。それでも一リットル未満の小型容器はゴミを大量に出す

【註3】環境省による〇九年度のデータより。ゴミには大きく分けて、家庭や事業所から出る一般廃棄物と、その八倍もの重量がある産業廃棄物がある。産業廃棄物のなかで多いのは、汚泥、動物の糞尿、がれき類、鉱さいなどで、ここで扱う一般的なゴミとはやや異なる。ちなみに、一般廃棄物で最も多いのは「容器・包装ゴミ」である。

【註4】OECDによる〇三～〇六年のデータより。OECDとは経済協力開発機構の略で、旧西側諸国を中心とした経済成長や自由貿易を推進するための国際機関。中国やロシアは未加盟。

ことがわかっていたので、業界の自主規制で使われなかった。しかし九五年に容器包装リサイクル法が制定されると、リサイクルすることを口実に自主規制が解かれ【註5】、今では五〇〇ミリリットルやそれ以下の小型ボトルが隆盛を極めている。ペットボトルの生産・販売量は、何度でも使えるビン容器の減少とともに増えつづけ【註6】、今では年間約六〇万トン【註7】。これは五〇〇ミリリットル用ボトル（約三〇グラム）にすると、実に二〇〇億本分に相当する。しかもそれらはわずか三〇年ほど前には、まったくなくても済んでいたものなのだ。

　こうした使い捨て容器は、作ってしまった時点で間もなくゴミになることがわかっている。どれだけゴミ減量のための努力を重ねても、リサイクルに励んでも、大量に作っては強引に売り込んでいる連中を止めなければペットボトルのゴミが減るわけがないのだ。これは家電や自動車などの耐久消費財も含めた、ゴミの問題全般について言えることだ。水道の蛇口から水が出っぱなしになっていて、バスタブから水が溢れているのに、こぼれた水をせっせと汲み上げていても問題は解決しない。本当の解決策は、元栓を締める以外にないのだ。

【註5】「リサイクルする」とは言っても、単に焼却処分した熱でプールの水を温めたりすることを「サーマル（熱の）・リサイクル」と称してリサイクルに含めているので、日本のリサイクル率はあてにならない。

【註6】メーカーとしては、回収コストを自社で負担する再利用ビンより、市町村などの地方自治体が回収してくれる使い捨て（作り捨て）容器の方が安上がりなのだ。

【註7】ペットボトルリサイクル推進協議会の統計による。ペットボトル年間販売量の六割以上ものＰＥＴくずが、地方自治体から仲

アジアへ向かう電子ゴミ

これだけのゴミは、国内での焼却、埋め立て、リサイクルだけで処理し切れるものではない。

PETくずの輸出量の推移
（財務省）
ほとんどが香港も含めた中国に送られる。

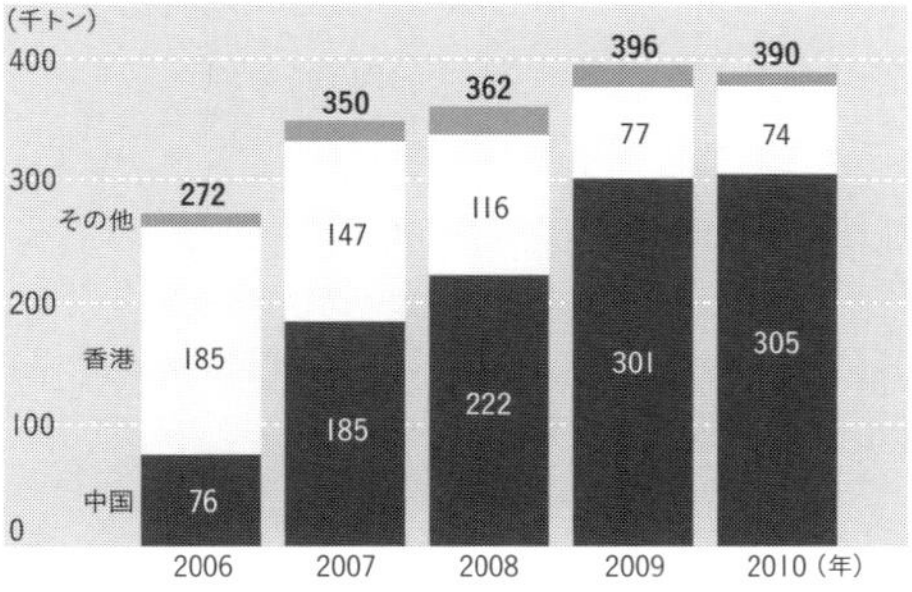

輸出されるゴミは、非正規のルートも通るので正確な数字はつかめないが、九〇年代から増加しはじめ、二〇〇〇年代に入ると中古品を含めて、年間推定二二〇〇万トン程度かそれ以上にも上っている【註8】。

中国の広東省北東部にある貴嶼《グイユ》という町は、九〇年代末から世界的な電子ゴミの分解処理場となっている。ここにある二一の村落、三〇〇以上の企業、六万人以上の労働者がゴミの処理に携わってい

介業者を経るなどして、中国（香港を含む）へと輸出される。

【註8】参考：『アジアにおける循環資源貿易』（小島道一編、アジア経済研究所、二〇〇五年）。ここで言う輸出ゴミとは、鉄くず、古紙、廃プラスチック、銅くず、アルミニウムくずなどに、中古家電や中古車を加えたもので、「循環資源」という聞こえのいい名前も付いている。

ると言われる。ここにはアメリカをはじめ、日本や韓国など世界中から（と言っても、大量の電子ゴミを出せる国など限られているが）廃棄されたテレビ、パソコン、携帯電話などが送り込まれ、年間一五〇万トンが処理されている。

ここから部品や金属素材を取り出すため、労働者は機体を手作業で分解し、電子基盤を焼けた鉄板に乗せてハンダを溶かし、あるいはドラム缶の強酸液に漬け、ケーブルを剝く。残骸を野焼きすることも多く、強酸液はそのまま川に流していた。一〇歳未満の子どもの労働も多い。

ここでは当然深刻な環境破壊と健康被害が起きている。川の色は真っ黒に染まり、住民はその川で服や体を洗う。土も汚染されて農業に戻ることは絶望視され、水も飲めなくなり、周辺の町から飲み水を買わざるを得なくなった。多くの労働者や住民が有害物質を含む煙を吸い込み、この町の子どもの八割以上が鉛中毒になっていたこともわかった。廃棄物処理を続けている地区の大気中ダイオキシン濃度は、世界一高くなっていた。

現在貴嶼では、行政によりゴミの焼却、基盤焼き、酸洗浄などが禁止され、町の中心部の状況は確かに改善している。が、周辺では改善が遅く、取り締まっても他の地域に移転してしまうという問題も生じている。貴嶼のような電子ゴミの町は、同じ広東省の沿海部にも、その他のアジアやアフリカの各地にもできている【註9】。我々が「上位機種への買い替え」などというもののために捨てた電気製品は、どこかへ消えてくれるわけではない。当たり前に、誰かの手や土や水や空気を汚しながら処理されているのだ。

こうしたゴミの輸出まで経済界では、「国際的なリサイクル」などと肯定的に呼んで推進しようとしている。

日本はフィリピンやタイなどのアジア諸国と結んだ経済連携協定（EPA）で、有害ゴミの輸出に対する関税を削減・撤廃して、アジア各地の民衆から激しい批判を浴びている。有害ゴミの輸出は国際条約【註10】で厳しく規制されているにもかかわらずだ。これだけ多くの資源や製品をアジアから輸入しては、出したゴミを貧しいアジアの地域へ送り返すとは、この国は一体何をやっているのか。

日本（あるいは「北」の国々）に住む我々には、「大量生産 ⇒ 大量消費」としか見えないプロセスも、本当は「（資源の）大量採取 ⇒ 大量生産 ⇒

【註9】インドのニューデリー、パキスタンのカラチ、ナイジェリアのラゴスなどが電子ゴミの町となっている。

【註10】有害廃棄物の貿易を規制し、自国内処理の原則を謳ったバーゼル条約のこと。日本をはじめ世界で一七〇ヶ国以上が加盟している。

大量消費　⇩　（ゴミの）大量廃棄」という一連の流れなのだ。この流れも始まりと終わりを見れば、すべて自然界のなかで行われていることがわかる。我々の身のまわりにある人工物も、すべて元は自然界から採ってきたもので、かつ簡単に自然界には返らない。そのことがわかっていれば、こんなことがいつまでも続けられないのは明らかだ。

またこの始まりと終わりは、「南」の国々に押しつけられることが多く、そこで環境破壊や健康被害や搾取が起きているが、それも同時に見えなくなっている（最近では「大量生産」の過程までもが「南」の国々に輸出されて、我々に見えているのは「大量販売　⇩　大量消費」のみになりつつある）。

そして、これを推し進めているのが経済のグローバル化なのだ。

電通PRセンターの「戦略」

最後にゴミ問題の本当の責任者は誰かをハッキリさせるために、大量にモノを売りつけている側の驚くべき手口を暴いておこう。

以下に紹介するのは、六〇年代に電通PRセンターの社長が著書のなかで、「わが社の戦略十訓」として公表したものだ【註11】。冒頭に挙げたアイゼンハワー大統領の景気対策のように、これが今も変わらずに社会に定着していることに戦慄を覚える。ただしこれは、たまたまこの企業が明確に言っただけのことで、ひとつの企業がやっていることでも、PRや広告の世界に限った話でもなく、「売る」ことのすべてにおいて使われている手口だ。

一、もっと使用させろ
二、捨てさせ忘れさせろ
三、むだ使いさせろ
四、季節を忘れさせろ【註12】
五、贈り物をさせろ【註13】
六、コンビナートで使わせろ【註14】
七、キッカケを投じろ
八、流行遅れにさせろ
九、気安く買わせろ

【註11】『PR戦略』(永田久光、東洋経済新報社、一九六三年)という著書で公表された。電通PRセンターは、後に電通パブリック・クリレーションズに社名を変えている。

【註12】例えば「夏の飲み物」と思われていたものを、どの季節でも飲むように仕向ければ、四倍売れることになる。

【註13】ただし、商売に乗せられているのでなければ、贈り物自体は悪いことではない。

【註14】コンビナートで、とは、組み合わせで、といった意味。

十、混乱をつくりだせ

これらの元になったアメリカの社会学者V・パッカードがまとめた「浪費をつくり出す戦略」【註15】も合わせて読むと、よりわかりやすい。こちらは五〇年代のアメリカで使われた販売戦略をまとめたもので、ここではパッカードによる七つの戦略に自分なりの解説や今風の事例も書き足した。

一、もっと買わせる戦略

重複して買わせる。一家にひとつから、一部屋にひとつ、一人にひとつ、さらには一人に複数へ【註16】。例：男性用・女性用別の整髪剤。仕事用・私用別の携帯電話。

二、捨てさせる戦略

使い捨て化して、使うたびに買わせる。例：紙製の食器、使い捨て容器、使い捨て傘、使い捨てカメラ、使い捨てコンタクトレンズ……。

三、計画的廃物化（陳腐化）の戦略【註17】

a）物理的陳腐化　壊れやすく作る。

b）機能的陳腐化　より良い機能を持った製品の導入で、旧製品を古くする。

【註15】参考：『浪費をつくり出す人々』（V・パッカード、南博他訳、ダイヤモンド社、一九六一年。原著：The Waste Makers 1960）。〝waste〟は「浪費」だけでなく「ゴミ」の意味でもあることは重要。

【註16】五〇年代のアメリカでは、すべての家庭用品の売上げ倍増を狙って、「一家族にふたつの家を」という宣伝までもが行われた（!）。「共有すること」は、こうした戦略に対する反対行動なのだ。

【註17】「計画的廃物化」は〝planned obsolescence〟の訳語だと思われるが、この言葉

c）心理的陳腐化　旧製品を流行遅れだと感じさせる。例：年に何度も発表される携帯電話のニューモデル。

四、混乱をつくり出す戦略

価値の判断を鈍らせる。例：「三個で○○円」、無料サービス品の添付、通話料金の割引制度、ファストフード店のセットメニュー。

五、月賦販売による戦略

クレジットと分割払いで、現金がなくても、今買えるようにする。

六、快楽主義を植えつける戦略

a）倹約を軽んじる社会のムードを作る。

b）浪費の口実を与える――本日限り、期間限定価格、記念日などの活用。例：「イースターは新しい靴で」「バレンタインデーには男性からもチョコを」。

c）便利さの提供――すぐに作れる、すぐに使える、すぐに届けられる（気安く買わせる）。例：ファストフード、ネット販売。

七、人口増加を利用する戦略

は通常「計画的陳腐化」と訳されることが多い。心理的陳腐化は特に重要で、パッカードも特別に多くのページを割いて解説している。

大勢の人は単に大きな市場と見なす（若者・子ども市場には〝将来の顧客〟も含まれているので特に大事にする）。例：団塊ジュニアへのマーケティング、中国・インドへの進出。

こういうものを見ると、いかに買わせる手口が世の中に溢れていて、なおかつその意図が我々に隠されているのかに気づかされ、目の覚める思いだ。今風の事例はいくらでも見つかるので、各自で探してみてほしい。家電用品店、コンビニ、ドラッグストア、服屋、レコード屋、スーパー、デパート等々は、こんな戦略の宝庫だ。

そしてゴミ問題の最大の責任はどう見ても、こんな手口で大量にモノを売りつけている企業にある。そこに触れもせずに、ゴミ問題に真剣に取り組んでいるように振舞うのは、欺瞞以外の何物でもない。

反抗のしかた 1 デモ～普遍的な不満の表現手段～

原発事故が火をつけた日本のデモ

震災・原発事故から一ヶ月ほどたった頃、日本中でデモ（デモ行進）が巻き起こった。

東京では、四月一〇日から毎週脱原発のデモが行われ、どれも千数百から一万数千の人を集めた。三ヶ月後の六月一一日には、全国で六〇近い脱原発デモに約八万人が参加した。大きな組織が動員をかけたわけではない。さらに半年後の九月一九日には、東京・明治公園で六万人の集会とデモ。これは少なくとも八〇年代以降では、国内で最大のデモ行進だったのではないか。さらに都内でのデモは毎週続き、一年後の一二年三月一一日には、日比谷で一万四千人のデモが行われた。その人数と期間の長さを考えれば、今日本のデモは歴史的な盛り上がりを見せていると言える。

人々はどうしても言いたいことができると、こうして大勢で通りを練り歩き、それを訴えずにはいられないものらしい。

デモとは、古くからある示威行動のひとつだ。古今東西を問わず人々は、自分たちに力があることや支持勢力があることをアピールするために、大勢での「練り歩き」を行ってきた。一七八九年のフランス革命時に、パリの主婦をはじめとする市民が、国王のいるヴェルサイユまで「パンをよこせ」と大挙して歩いていき、国王をパリに連れ帰った「ヴェルサイユ行進」ももちろんデモだ。このようにある相手を攻撃したり要求を伝えたりするために、大勢がある場所から別の場所へ移動することがデモの始まりだったと言われる【註1】。

数ある民衆の抗議行動のうちデモは、比較的穏当な手段として広く用いられた。一八四八年のヨーロッパでの革命の時に戦術として確立され、その穏当さゆえに後に権利として認められた【註2】。日本でも、「移動する集会」として集会・結社の自由によって、また表現の自由によっても、憲法でその権利を保障されている。こうしてデモは、二〇世紀の特徴的な民衆運動の手段となった。

世界中でデモが大規模化している

二一世紀に入る頃から、世界のデモは新たな盛り上がりを見せている。一九九九年シアトル

【註1】祝祭的、宗教的、軍事的なものも含む「練り歩き」一般にまで話を広げれば、あまりにも人類に普遍的な行為で、起源の辿りようがない。

【註2】他に同じように認められた穏当な方法に、「ストライキ」がある。より穏当でない方法には、打ち壊し、バリケード封鎖など。

での七万人の反WTO抗議行動以降、インターネットを駆使して世界中から反対勢力が結集し、G8（サミット）やIMFなどのグローバル経済を推し進める国際会議に対して、大規模なデモが頻繁に行われるようになった。特に二〇〇一年ジェノバでのG8に対しては、三〇万人の抗議デモがあった。

2011年4月10日の高円寺脱原発デモ。道に溢れてサウンドカーを取り囲んだデモ参加者の列は、はるか後方まで続いている
Photo by 熊木和枝

二〇〇三年のアメリカによるイラク攻撃への反対運動は、世界でも日本でも大規模なデモを生んだ。日本では四万人が日比谷公園に集まり、イラク反戦サウンド・デモ【註3】も回を重ねた。

さらに日本では〇七年頃から非正規雇用問題が社会的に注目され、反格差・貧困のデモが大規模化・全国化した。この頃までの大きな組織によらない独立系のデモの広がりは、脱原発デモに幅広い参加者を集める下地にもなった【註4】。

自分も〇七年頃から突然デモにばかり行く

【註3】サウンド・デモとは、トラックの荷台にスピーカーやDJブースなどを積んだサウンドカーが先導するデモ。九七年から始まり、有名DJなどを乗せたサウンドカーとともに代々木公園から原宿を練り歩いて地球温暖化防止を訴えた「レインボーパレード」あたりから盛んになった。これは、ベルリンで毎年行われていたのパレードは、ラヴ・パレードの影響を受けている。

【註4】高円寺・素人の乱は、独自のサウンド・デモを行っていたが、東京の脱原発デモでは大きな役割を担った。

ようになった。反格差・貧困、反グローバリゼーション、宮下公園ナイキ化反対、大麻解禁、反原発、反戦、反沖縄米軍基地……と、数え切れないほどのデモに行った。もっとデモに人々が参加しないとマズイという危機感から、というのがひとつの理由だが、より大きな理由はデモが気持ち良かったからだ。

これらのデモのほとんどは、大きな組織によらない独立系のデモで、参加者は全員でシュプレヒコールを叫んだり、同じポーズを取ったりする必要はなかった。皆が好き勝手なスタイルで、音を鳴らしたり、コールをしたりしながら、ゾロゾロと歩いていた。サウンドカーが出るものも多かった。自分は大抵ドラムかピアニカを鳴らしていて、酒を飲んでいることも多かった。なぜこれが今まで、あまり気の進まないことと思えていたのだろうか？

ただし騒げれば何でもよかったわけではない。自分の言いたいことを思い切り言うことが気持ちよかったのだ。我々は選挙（間接民主制）でしか、社会の決定に参加できないわけではない。選挙がまともに機能していない今、デモのような不満の表現手段を最大限に使って文句を言っていくことが大事だ。

コーヒーと南北問題の歴史

日本へのコーヒー普及は一九六二年から

コーヒーは世界のあらゆる一次産品のなかでも、石油に次いで貿易量の多い謎の商品だ。ほとんどカロリーなど得られないというのに、主食となる小麦やトウモロコシといった作物よりも、はるかにたくさん取引されている。

我々は、そのくらい当たり前にコーヒーを飲んでいるけれども、コーヒーの木を直に見たことがある人はほとんどいないだろう。コーヒーは「南」が作り「北」が消費する商品の代表だからだ【註1】。このことは、ヨーロッパが五〇〇年前に始めた世界の植民地支配と深く関係している。コーヒーを飲む時には、地理的な広がりだけでなく、時間的な経緯にまで思いを巡らす必要があるのだ。

ここではコーヒーを通して、今のグローバル経済が植民地支配といかに似通っ

【註1】生産国と消費国の上位五位を見比べても、生産は熱帯地方（と亜熱帯地方の一部）であり、消費しているのは、アメリカ、ヨーロッパ、日本などで、どちらにも入っているのは、ブラジルだけである。この点で、コーヒーは〝茶〟のような、生産する国が同時に消費もしている品目とはまったく違うものであることがわかる。

たものであるかを見ていきたい。

まずは日本に住む我々が、いつからこんなに広くコーヒーを飲むようになったのかを振り返ってみよう。

我々が広く一般家庭でまでコーヒーを飲むようになったのは、一九六一年からだ。なぜ一九六一年なのか？　この年には、ケネディ米大統領と日本の池田首相の間で取り決められたインスタントコーヒーの輸入自由化【註2】が行われたのだ。その年に、アメリカのコーヒー市場でトップのシェアを誇っていたゼネラルフーヅが、少したってスイスのネスレが、国内でのインスタントコーヒーの製造を開始し、インスタントコーヒーのブームを起こした。そしてネスレはテレビCMの成功で、主力商品である「ネスカフェ・ゴールドブレンド」を定着させた。

明治維新以降コーヒーとは、西洋かぶれの一部の人たちが特別な店で飲むものでしかなく、また一般家庭でレギュラーコーヒーを飲むようになったのも、インスタントブームよりもずっと後のことである。つまり我々がコーヒーを飲むようになったのも、アメリカから自由化を迫られて市場を開放し、海外のコーヒー会社が入ってきたからなのだ。我々がそれを求めたからではない。これはマクドナ

【註2】自由化とは、狭義には政府が輸入量の制限をなくすことをいう。

ルドでもコカ・コーラでも同じである。そして七〇年代から始まる缶コーヒーと自動販売機、そして喫茶店の普及によって、コーヒーを飲む習慣は一層定着する。こうして日本は緑茶を飲む国でありながら、世界でも四位のコーヒー消費国となっているのだ。

植民地と奴隷とコーヒー栽培

ではこうした、「南」に換金作物を育てさせて、それを「北」の市場で売りさばくという仕組みはどのようにしてできあがったのだろうか?

コーヒーを今作っている国は、ほとんどがかつての植民地である。それは単にコーヒーが、〝コーヒーベルト〟と呼ばれる南北緯二五度の範囲にある熱帯と一部の亜熱帯地方でしか育たない植物だからではない。

エチオピアが原産地とされるコーヒーは、アラブ世界を経て、一七世紀後半頃ヨーロッパに伝わった。ヨーロッパの大都市では、コーヒーハウス(カフェ)で、このコーヒーに同じく南国産の砂糖を溶かして飲むのが、異国情緒の楽しみかたとして大流行した。そこでヨーロッパの列強国は、カリブ海、インドネシアのジャワ島、中南米、東・西アフリカなどに、コーヒーの大プランテーションを築き、奴隷を利用することで、コーヒーの供給をまかなった。

ではここで、西洋の植民地支配の歴史を見てみよう。

西洋（あるいは白人）の世界支配は五〇〇年前、一五世紀末のコロンブスのアメリカ渡航から始まる。以後二〇世紀の前半まで、スペイン、ポルトガル、オランダ、フランス、イギリスといった国々が大植民地帝国を作り上げていった。ヨーロッパ白人は、アメリカ、アフリカ、アジアの要所を占領し、カネ目の一次産品をヨーロッパに送り込んだ。南米の銀、カリブ海の砂糖などはその代表である。労働力には、まずはその土地の先住民が利用され、彼らが死んで不足すれば、主にアフリカからさらって来た奴隷を投入し、奴隷制が廃止されれば、移民を利用した。

こうしてヨーロッパには世界中から富が集中して、産業革命が起きた。そして工業製品を輸出する市場としても、植民地を利用するのだ。この構図はどこかで

主なコーヒー生産国とコーヒーベルト

コーヒー生産地のほとんどはかつての西洋の植民地。

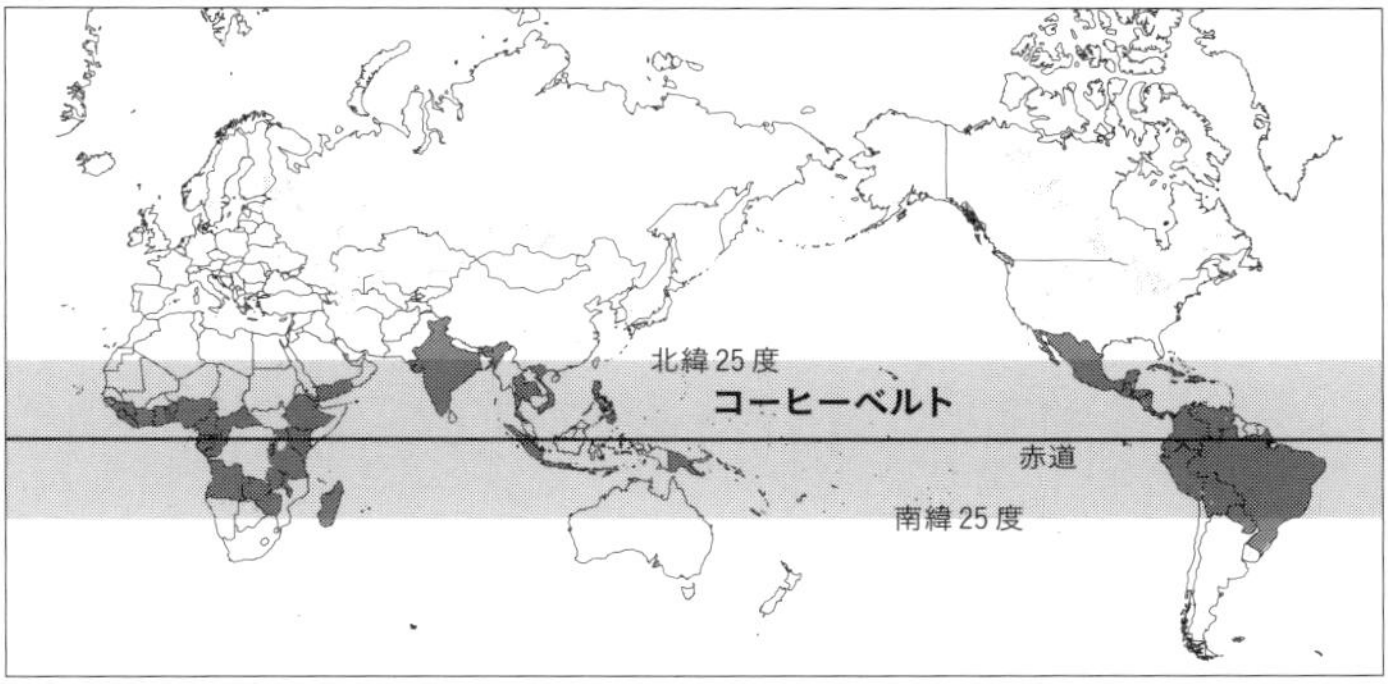

見覚えがないだろうか？　そう、今行われているグローバル経済と基本的に何も変わっていないのだ【註3】。こうして今ある〝世界資本主義システム〟はできあがった。

西洋では産業革命が一八世紀頃からの市民革命を招いたが、そこで説かれた人権思想が奴隷制度への疑問を生み、一九世紀の奴隷制度廃止につながる。

ではなぜ西洋社会は、奴隷貿易などという非人道的な行いを長らく許してしまったのか？　ひとつには、「奴隷貿易はアフリカ人を大変な窮地から救い出している」という言い分が、一般的に信じられてしまったからだ。今この言い分は、

【註3】西洋では、植民地から換金作物や鉱山資源を送り込ませることを「貿易」と称していた。けれども、それ以前のイスラムや中国の商人が行ってきた貿易と比べてみても、人類の歴史においてこんな形の「貿易」は稀であり、「収奪」と呼ぶべきものだ。

「グローバル経済が発展途上国を貧しさから救っている」と若干形を変えて、同じように信じられてしまっている（グローバル化以前の〝発展途上国〟の人々は何千年も貧困に苦しんでいたとでも言うのか⁉）。

そして西洋社会の市民革命の影響もあって、一九世紀からラテンアメリカの植民地で、政治的な独立が始まる【註4】。けれども経済的には植民地としての従属は続き、「非公式の帝国」「新植民地」という言葉も生まれた。政治的な独立の動きは第二次大戦後のアジアとアフリカでも起きたが、同じく経済的な従属は続き、今に至っている【註5】。先祖代々西洋向け換金作物の農場で働いていた人たちが、いきなり国が独立したからといって、以前のような自給自足型の経済に戻れるわけがないのだ。

ちなみに日本は、この構造のなかで、どういう位置にあるのか？　日本はアジアでもほとんど唯一、植民地支配を免れた国とされている。そのためか、本書でも繰り返し述べているとおり、開国以来今も西洋にソフトに支配されながら、アジアを支配するという矛盾したポジションにいる。

【註4】ただし地表面積に占める植民地の割合は、一八〇〇年に三五パーセント、七八年には六七パーセント、一九一四年には八四パーセントと拡大を続けた。

【註5】政治的に見ても、旧宗主国に従順な政治家や官僚が国を統治したため、完全な独立とは呼べないケースは多い。

グローバル企業が独占するコーヒー貿易

今コーヒーの流通を独占しているのは、かつてのような西洋の〝強い国〟ではなく、ネスレやクラフトフーズ【註6】といったいくつかのグローバル企業である。そうした巨大焙煎企業は、二〇世紀の初め頃から、他の産業でも見られたのと同じような、中小企業の買収・合併を繰り返すことで生まれた。

九〇年代から二〇〇〇年代にかけて、コーヒー豆の価格が史上最安値を記録する「コーヒー危機」が起きた【註7】。コーヒーで食べていけなくなった何百万人もの農民が農場を後にして、その多くは大都市のスラムに行くハメになった。

けれども「北」の国々の我々はそれに気づかなかった。コーヒー生産者が売る

コーヒー生産量と消費量の上位国
(2010年、生産：米国農務省、消費：国際コーヒー機関)
主に「南」が作り、「北」が消費する商品である。

生産	順位	消費
ブラジル	1	アメリカ
ベトナム	2	ブラジル
インドネシア	3	ドイツ
コロンビア	4	日本
インド	5	フランス

【註6】 ゼネラルフーヅもここの傘下に入っている。

【註7】 コーヒー危機の大きな原因は、それまで主要生産国ではなかったベトナムが世界第二位まで生産量を増やし、供給が過剰になったため。この背景にあるのは、「南」の国国に輸出用の換金作物を作らせようとする世界銀行の融資だった。

豆の値段が暴落しても、我々が飲むコーヒーの値段は決して安くはならないからだ。コーヒーの値段は、いくつかのグローバル企業の暗黙の了解で、据え置かれている。それらの企業は自らの利益を最大にするため、常に農家からは豆を安く買い叩いている。今でも、我々が支払うコーヒー代のうち、農家に渡るのはわずか一〜三パーセント程度と言われている。

こうした不公正な貿易に対して、フェアトレード【註8】が世界で盛んになってきている。現在日本のフェアトレードでも、コーヒーの占める割合がずば抜けて大きいのは、コーヒーの貿易で不公正が著しいからだろう。

もちろんフェアトレードは必要なことだ。けれども植民地支配の歴史を振り返ると、同時に換金作物に代わる自給用作物の栽培も促す必要性を感じる。今あるコーヒーの生産地のほとんどは植民地時代以降に、強制的にあるいは外貨獲得のためにやむを得ず栽培を始めたのだ。「南」の国々はこれから先もずっと、伝統的な産物でもなく自らが必要としているわけでもないコーヒーを作らねばならないのか？

これはコーヒーに限った話ではない。「南」の国々が植民地時代からずっと、

【註8】「南」の原料や製品を適正な価格で買うことにより、「南」の人々を支援するオルタナティブな貿易のこと。

「北」の国々に腹の足しにもならない農産物や資源ばかりを提供する立場に置かれていることが問題なのだ。彼らは今でも、それら一次産品の相場が下がったり不作だったりして思うように売れなければ、飢え死にする危険にさらされている。そもそも世界市場で優位に立てる輸出品を持つことは難しいので、このやり方では「南」の国々は貧困を脱することができない。支配や従属のない世界にしたければ、白人の世界進出以前のように、まずは「北」も「南」も、世界の各地域が自立した経済を営むことだ。その上で余力があれば、対等な貿易関係でつながるのが普通なのだ。

というわけで、自分もコーヒーを飲んではいるが、なるべく緑茶も増やすようにした。

スポーツ・ビジネスと搾取工場

植民地支配を通して広がった「スポーツ」

今世界中で人気のある、いわゆる「近代スポーツ」はいつからこんなに盛んに行われるようになったのだろうか？

実は、サッカー、ラグビー、テニス、ゴルフ、卓球などの球技、陸上や水泳などの競技も、多くは植民地時代のイギリス＝大英帝国で一九世紀以降に定式化された。野球、バスケットボール、バレーボールなどアメリカで生まれたものもいくつかあるが、いずれにせよ西洋で作られた形式が、植民地支配を通じて各地の伝統的なスポーツを駆逐しながら世界に伝播していったのだ。

そして一八九六年に始まった「近代オリンピック」がこれらを浸透させるうえで決定的な役割を果たした。また一九三〇年に始まったサッカーの世界大会「F

IFAワールドカップ」【註1】も、オリンピックに匹敵する規模のスポーツイベントとなって、この大英帝国発のスポーツの世界的な人気を高めている。

スポーツは確かに、いつの時代でも人々を熱狂させてきた。自分が子どもの頃、この国ではプロ野球や大相撲は大変な人気で、王貞治は今のイチローと同じように国民的な英雄だった。けれどもここまで〝スポーツまみれ〟の社会ではなかったように思う。スポーツやスポーツ用品が余暇活動やテレビCMを通して、ここまで生活の隅々に浸透してはいなかった。ここ何十年かの間に何かが変わったのだ。ここではこのスポーツを通してグローバル化の問題を見てみたい。

スポーツを商業化したアディダス社長

スポーツは七〇～八〇年代にかけて、大きく商業化された。七〇年代には、スポーツをビジネスと結び付ける「スポーツ・マーケティング」という概念が生まれ、それまで競技場の看板に名前を出す程度だった企業が、スポーツに投資することで自社のブランド・イメージを高めようとする「スポンサーシップ（支援方

【註1】〝FIFA〟は「国際サッカー連盟」の略称。

式)」を導入するようになった。

オリンピックについて言えば、七四年にIOCがオリンピック憲章から「アマチュアリズム」の言葉を削除してプロを容認し、スポーツとカネの結びつきに寛容になった。経営面でも、赤字続きで立候補地もロサンゼルスただひとつとなっていた八四年の大会からは、一気に「民営化」に踏み切った。この大会でIOCは、一業種一社の公式スポンサー制度、独占放送権、公式マークの使用権などを導入して企業からの出資を飛躍的に吊り上げ、五百億円を超える黒字を計上した。

こうした商業化で中心的な役割を果たした人物のひとりが、アディダスの社長ホルスト・ダスラーだった。彼は戦後間もない頃から、アディダスの靴を無料で、あるいは賄賂まで贈ってオリンピック選手に与え、テレビに映すという宣伝活動を行ってきた。各種スポーツの有力選手や世界中の競技会関係者や政治家との間にも深い人脈を築きあげ、「スポーツ・マフィア」とも呼ばれた。そして八二年にアディダスと電通【註2】が共同出資したスポーツ・マーケティング会社・ISL【註3】を立ち上げると、オリンピックとワールドカップのビジネス面での業務を独占し、巨大な利権を手にしたのだ【註4】。

【註2】電通は八二年に「スポーツ・文化事業局」という部署を新設している。
【註3】正式名は「インターナショナル・スポーツ・カルチャー・アンド・レジャー・マーケティングAG」。〇一年に経営破綻した。
【註4】ダスラーは八八年のソウル・オリンピックでも、招致を請け負う代わりにスポンサーの選択権などを韓国側から与えられたとされる。

ロンドンオリンピックのパートナー（主要スポンサー）企業一覧

サッカー・ワールドカップにも、七五年にダスラーらの仲介でコカ・コーラが公式スポンサーにつき、アディダスとともに資金面でＦＩＦＡの屋台骨を支え、世界へのサッカーの振興活動も可能にした。

この時期から国際的なスポーツ大会は、グローバル企業【註5】にとって絶好の宣伝の場になったのだ。

製造をやめたナイキ

こうして世界的な大企業は桁違いのカネをスポーツに使うようになった。しかし、そのなかでもとりわけ莫大な大手ス

【註5】本書で言う「グローバル企業」とは、多国籍企業と同じ意味。こうした企業が経済のグローバル化の担い手であることをわかりやすくするため、この呼び名を使っている。

ポーツ用品メーカーが投じるスポンサー料や広告費は、一体どこから出てくるのだろうか？

ナイキはもともと、アジアの工場で安く作らせて本国で売る、というビジネス・モデルを考えていた企業だった。七〇年代の初めから【註6】、まずは日本、そして韓国や台湾、やがてはタイ、インドネシア、さらには中国、ベトナムへと、より安い賃金を求めて下請工場を移していった。それによって得た利益は、自社ブランドの宣伝・広告に湯水のように注ぎ込まれた。マイケル・ジョーダンやタイガー・ウッズといった有力選手やサッカーなどの有力チームに支払った膨大な額の契約金は有名だ【註7】。

アディダスは八〇年代に、ヨーロッパの工場を閉鎖する方針をとったが、これもナイキに対抗するためだった。アディダスの従業員は八七年から九二年の間に半減し、本国ドイツに試作品用の工場ひとつを残してほとんどをアジアへと移転している。ナイキのモデルを真似たのは、スポーツ用品の企業に限ったことではない。こうしてナイキは「グローバル企業のお手本」になった。

九〇年代に入ると、ナイキのアジアの工場での低賃金、劣悪な労働条件、児童

【註6】当初の社名はブルー・リボン・スポーツだったが、七八年に自社商品のブランド名である「ナイキ」に社名を変えた。

【註7】タイガー・ウッズとの契約金は、五年間で一億ドルに上ったと言われる。

労働、人権侵害などの〝スウェットショップ（搾取工場）・スキャンダル〟がマスコミに取り上げられ、激しく批判されるようになった。「反ナイキ運動」は、九〇年代後半には世界中に広がり、ピークに達した。そのなかで日本だけが、そんなことはまったく知らされないまま、異常な「エア・マックス・ブーム」に沸いていた。

さらに驚くべきは、日本の人々が今でも、ナイキ・スキャンダルはもちろん、〝スウェットショップ問題〟そのものを知らされていないことだ。

パキスタン・シアルコットのサッカーボール工場
（Photo by Ch.Khawar）

革命を防ぐにはサッカーの国際試合を

スポーツ用品の製造については、搾取労働の実態が数多く報告されているが、その代表はサッカーボール作りにおける児童労働だ。九六年以降、パキスタンの北東部にあるシアルコットで子どもがナイキやアディダスのサッカーボールを作らされていることが発覚し、大きな反対運動が巻き起こった。今も全世界で売られる手縫いのサッカーボール【註8】のうち、七~八割はシアルコットの貧困層によって低賃金で作られている。パキスタンに次いでその生産が盛んな隣のインドでも多くの児童労働が報告されているが【註9】、これらの地域はかつてイギリスの植民地だったがために、その当時からサッカーボールの製造を担わされてきたのだ。

つまり、植民地を通して世界に伝わったスポーツが、今はグローバル企業の格好のビジネスになっている。そこで富を搾り取られているのが、またしても「南」の人々なのだ。植民地支配は終わっているのだろうかと疑問に思えてくるが、少なくとも自分がそれに加担したくはない。

六〇年代の中南米では、「革命を防ぐにはサッカーの国際試合を開けばいい」とさえ言われた。当時の中南米の政府にとってサッカーというスポーツが、社会不安を鎮めて権力を維持するための絶好の道具だったのだ。それは日本についても多少思い当たるところがある。スポーツを楽しむこと自体は何ら悪いことでは

【註8】手縫いのサッカーボールは、より高級とされ、公式の試合などで用いられる。

【註9】九〇年代後半には、パキスタンで七〇〇〇人、インドで一万人もの児童労働が明らかになった。

ないのに、それを考えると、単純にスポーツに興じているわけにもいかないような、面倒な気分になってくるのだった。

ジーンズと西洋の文化的侵略

流行は西洋からやってくる

日本に住む我々は、西洋【註1】文化の影響を受けている。西洋文化は、我々の細胞のひとつひとつにまで浸透していると言いたいくらいだ。音楽も映画もスポーツもファッションも、流行のものはほとんどが西洋文化圏からやってくる。流行があまりにも西洋文化によって作られているため、西洋文化に詳しければ詳しいほどいいとされる風潮もある。

では経済的に西洋に侵略されることが「良くない」なら、文化的な侵略はどうなのか？　マクドナルドやナイキが悪いなら、ロック音楽やハリウッド映画は悪くないのか？　文化の交流は、それ自体が悪いことではないので判断が難しいが、少なくともこれほど何もかもが西洋からという〝影響の偏り〟は異常なことだと

【註1】本書で言う「西洋」とは、北アメリカ（アメリカ合衆国、カナダ）とヨーロッパを指す。

言える。また、文化と経済をまったく別々に考えることもできないのだ。

ここでは「ジーンズ」という衣服を通して、こうしたグローバル化の功罪について見てみよう。自分の世代の日本の子ども・若者にとって、「ズボン」と言えばまずジーンズだった。なぜ極東の島国で、と言うよりも世界中で、戦前まではほとんど誰も穿いていなかったアメリカの作業着を、子どもまでが一斉に身につけるようになったのか？

アメリカによる文化的侵略

そもそもジーンズは、一九世紀の後半にアメリカ西海岸で、労働者のための丈夫な作業着として生まれた。これを最初に売り出したとされるリーバイ・ストラウスの会社（以下、リーバイス）は、以後この分野のトップメーカーとして君臨する。それでも第二次世界大戦以前は、リーバイスの営業範囲はアメリカ西海岸に限られていた。

大戦後、アメリカ軍の放出品は世界中でもてはやされ、軍事用に製造されたジーンズは日本やヨーロッパに少しずつ浸透していく。そして五〇年代には、マーロン・ブランドの『乱暴者』、ジェームズ・ディーンの『理由なき反抗』、エルヴィス・プレスリーの『監獄ロック』といったアメリカ映画が、ジーンズに「反抗的な若者のシンボル」という新たな意味を与え、流行に火を付けた。日本では石原裕次郎などの映画俳優たちがそれを真似て、さらに流行は広まった。ただし自分としてはこれらの影響力については、そう言われれば納得するという程度で、実感としてはまったくわからない。

そして六〇年代のヒッピーやフォーク、ロックのミュージシャンは、こぞって下層労働者への共感と上層階級への反抗の意味を込めてジーンズを穿き、その写真や映像がマスメディアを通して、世界中の若者に決定的な影響を与えた。もちろんリアルタイムで経験したわけではないが、こちらの影響力なら、自分にもうっすらと実感できる。特にアメリカのミュージシャンがよく穿いていたジーンズという衣服が、世界の若者の目にどう映ったのか、そして各国の芸能人やミュージシャンがそれを真似ることで、どれほどその影響を増幅したかはある程度わかる。自分も遅れて、この西洋文化に強い影響を受けたからだ。

そして七〇年代、ジーンズは黄金期を迎える。リーバイスは七〇年代の半ばに総売上げの三分の一を海外で賄い、七七年には五一の国内工場と二七の海外工場を持つ世界最大の既製服メーカーとなった。この頃、東京ではすでに子供服としても定着していたと記憶している。以後、ジーンズのスピリットは失われ、単なるカジュアル・ウェアとしてますます広く受け入れられていった。

ボブ・ディランのアルバム『フリーホイーリン』(63年)
(『風に吹かれて』などを収録)
ジーンズが印象的なジャケットになっている。

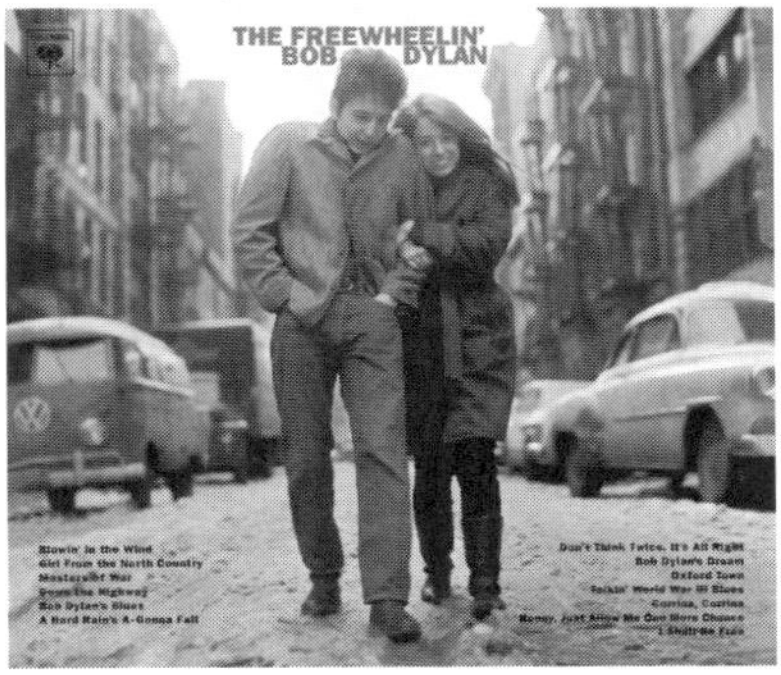

こんなふうにジーンズはアメリカ映画、西洋の音楽、西洋のマスメディアなどの力を借りて世界に定着した。この場合、西洋メディアの圧倒的に強い資本の力によるところが大きかったのだから、フェアな文化交流とは言えない。やはり侵略という側面があるのだ【註2】。

確かに海外の文化に親しむことは悪いことではないし、西洋で流行った音楽ばかり聴いたことが自分にとって良くなか

【註2】二〇〇一年の『文化の多様性に関するユネスコ世界宣言』では、「市場の力のみでは人類の持続的発展の鍵である文化の多様性の維持・促進を保障することは出来ない。この観点から民間部門や市民社会と連携した公的政策の重要性が再確認されなければならない」(第一一条)と謳われている。これを引き継いだ『文化多様性条約』の採択に反対したのは、一五四の国と地域のうち、アメリカとイスラエルだけだった。

ったとも言えない。けれどもこれほど西洋のことはよく見るのに、なぜ自分がいる島も含めたアジアやアフリカやラテン・アメリカはまるで見なかったのか、という思いはある。西洋ばかり見ていたことに気づきもせず、それが普通であるかのような気がしていたところにも、問題の深さを感じる。

「搾取」という第二の世界侵略

そして九〇年代以降、ジーンズ・メーカーは労働者の搾取という第二の世界侵略を加速させる。

リーバイスは早い段階から工場の海外移転を進めていたが【註3】、九六年をピークに収益が減りはじめた。これをきっかけに、九七年には安い労働力を求めて、アメリカ国内の自社工場を閉鎖し、海外の下請工場に生産を任せる計画を発表。二〇〇四年までに大量の従業員を解雇してこれを実行した。

一方、アジアや東ヨーロッパなど各地のリーバイス製品を扱う下請工場では、労働者の人権侵害や児童労働の問題が起きた。労働者のために生まれたジーンズ

【註3】六〇年代半ばには早くも香港に工場を作って、アジアへの進出を始めている。

は、今やその労働者を敵に回してしまっている。

こうしたジーンズのスウェットショップ（搾取工場）の実態が、『女工哀歌《エレジー》』【註4】というドキュメンタリー映画に詳しく描かれている。中国広東省のジーンズ縫製工場を取材したこの映画の登場人物は、主に出稼ぎ・住み込みの一〇代の少女で、ここでは法定最低賃金は支払われず、数ヶ月にわたって休みの日もなく、作業は深夜の三時あるいは朝の六時にまで及ぶのに残業代も出ないという。睡眠時間が満足に取れないので、洗濯ばさみで瞼をはさんで作業中に眠らないようにすることもある。主人公の少女の時給では、正月に帰省するカネすらない。発注元の西洋人が視察のために作業現場に入

映画『女工哀歌』主人公の少女と搾取工場の内部
(©2005 Teddy Bear Films)

【註4】ミカ・X・ペレド監督による、二〇〇五年、アメリカの作品で、〇八年に日本でも公開されている。原題は"China Blue"。

ってはいるが、工員たちの労働条件のひどさまではわからない【註5】。しかも中国では、労働組合を自ら作ることも、ストライキをすることも、法律で禁じられているのだ。その上、発注元は一ドルでも安く作らせようと交渉してくる。工場でどんなことが起きるかは、目に見えている。

誰がジーンズを作っているのか?

ジーンズにも、こうしたグローバル化に伴う負の面があった。ではこれを買う立場にある日本の我々はどうすればいいのか? 搾取している企業を批判することはもちろん大事だが、搾取しているのは巨大グローバル企業だけではない。ここでリーバイスのことばかりを取り上げているのは、単にそれがジーンズ・メーカーの代表だからだ。もっと知名度の低い企業は、搾取をしていないということではない。それを思うと途方もない気分になってくる。

『女工哀歌《エレジー》』のラストには、主人公の少女が購買者に向けて「あなたはどんな人ですか?」と手紙を書き、作ったジーンズのポケットに忍ばせるシーンが挿入さ

【註5】映画のなかに、発注元の企業のひとつがウォルマートであるとわかる場面がある。

れている。我々は、自分の衣食住に関する何から何までがあまりにも遠くから複雑なルートでやってくるため、手紙でも入っていなければ作っている人のことを想像できなくなった。作る側にしてもそれは同じだ。こんなことは、これまでの人類の歴史でもなかったことだ。ここには、そんな本来なら当たり前に持つはずの想像力から働かせてみよう、という作者の意図も込められているのだろう。

特に日本の我々は、服の流行については熱心に見ていても、服を作っている人のことは見もしなかった。アメリカやヨーロッパばかりを見て、他の地域のことはろくに見てこなかった。マスメディアによって、ある方向ばかりを見るように仕向けられているからだ。

商品がどんな材料から誰によって作られ、運ばれ、宣伝され、売られていくのか。その裏にはどんな経済や情報の力関係があるのか。もっと多くの人がそれに関心を持てば、事態はよくなっていくはずだ。そう思って身のまわりを見てみると、まったくわからないことだらけであるのに驚かされる。

反抗のしかた 2 サパティスタ民族解放軍 ～グローバリゼーションへの反乱～

「貿易自由化」に蜂起したメキシコ先住民

今のこの経済の仕組みに対して、世界ではどんな反乱が起きているだろうか？

メキシコには、革命を成し遂げたわけでもなく、革命に失敗したわけでもなく、一五年以上にわたって〝革命を続けている〟サパティスタ民族解放軍（ＥＺＬＮ）がいる。

「いまわれわれは宣言する。もうたくさんだ」という名高い宣言文を掲げて彼らが蜂起したのが、一九九四年の一月一日。北米自由貿易協定（ＮＡＦＴＡ）【註1】の発効の日だった。場所は、メキシコの最南部にして最貧州のチアパス。この地域は世界的なトウモロコシの原産地だが、ＮＡＦＴＡが発効すると、アメリカから安いトウモロコシが流れ込んでくる。これでは、先祖代々この土地でトウモロコシを育ててきた彼ら先住民は、生きていけないのだ。

またこの地域はコーヒーの産地でもあるが、八九年のコーヒー相場価格の低下により、すで

【註1】アメリカ、カナダ、メキシコの三国間で結ばれた自由貿易協定。三国間の関税を撤廃することや、投資の規制を大幅に緩和することを目的とした。

に経済的な打撃を受けていた。つまりこの蜂起は、国家ではなくグローバル経済に対して行われた世界で最初の反乱だったのだ【註2】。

サパティスタは当初、メキシコ国内で広く蜂起が起きることを期待したが、残念ながらその兆候は見られなかった。けれどもNAFTA発効により、メキシコ国内で実に二〇〇万人もの伝統的なトウモロコシ生産者が離農を強いられ、〇三年には、首都メキシコシティーで推定四〇万人が参加した空前の規模の農民デモも行われている。これを思えば、彼らの期待はあな

サパティスタ民族解放軍のマルコス副司令官
Photo by orianomada

【註2】彼らの宣言文には、「我々は五〇〇年に及ぶ戦いから生まれた」とも書かれている。つまり彼らアメリカ先住民は、コロンブスのアメリカ大陸〝発見〟から始まった、「白人による世界の支配」という広義のグローバリゼーションの中心的な被害者だったことも忘れてはならない。

がち間違っていたわけではない。

以後サパティスタは武力での衝突をせず、チアパスに自治区を作り、政府の援助と学校教育を拒む自律生活に入った。ここで独自の教育を行い、政府に根強く要求を突きつけている。先住民の知恵を、男尊女卑的な面などを注意深く取り除きながら活かし、コーヒー、トウモロコシ、フリホル豆などの作物を育てて暮らしている【註3】。

また彼らはインターネットを通じて、広く世界に賛同を求め、同じくグローバリゼーションに反対するNGOなど、多くの賛同者を得ている【註4】。また、彼らのシンボルとも言える黒の目出し帽がビジュアル的に目を引き、特にその覆面の口に穴を開けてパイプを吸う、白人のスポークスマン・マルコス副司令官の言葉や物腰が、サパティスタの〝人気〟を高めている。

日本も他人事ではない

サパティスタの目的は、国家権力を奪うことではない。インターネットを駆使することでむしろ世界とつながり、メキシコという国からは事実上独立しているが、独立を要求しているわけでもない。自分たちが生きる権利も認める、民主的な国を求めているのだ。これは何か特別な要求だろうか？

彼らの蜂起は、どこか遠い場所で起きている特殊なケースではない。日本でも戦後、農作物

【註3】サパティスタの作るコーヒー豆は、世界中の賛同者によってフェアトレードが行われている。日本でも新宿のインフォショップIrregular Rhythm Asylum（HP:http://irregular.sanpal.co.jp/）で手に入る。

【註4】レイジ・アゲインスト・ザ・マシーンやマヌ・チャオといったミュージシャンも、サパティスタへの賛同を表明している。

や木材、魚介類の輸入を自由化したために、農業や林業、漁業では食べていけなくなった。こうして多くの人が地方での生活を諦め、農山漁村が崩壊したのだ。つまり、多くの人が高い家賃を払いながら大都市で暮らさざるを得ない日本の状況もまた、輸入自由化に関係している。

経済のグローバル化に立ち向かったサパティスタたちの訴えは、決して他人事ではない。日本にも、単に「もうたくさんだ!」と宣言していないだけの大勢のサパティスタがいる。我々もまたサパティスタなのだ。

第二章

経済に仕える国・日本

アルミ缶とインドネシア

一人あたり五日に二本のアルミ缶

日本の経済の仕組みの大きな特徴は、地下資源の乏しさとそこから来る資源輸入量の膨大さ、そしてそれとは裏腹の資源の無駄遣いの激しさだ。ここではまず、〝アルミニウム〟を例に、我々が使い捨てている資源がどこからどんなふうにやってくるのか、そしてそれがそんなに「安い」ものなのかを見てみよう。

日本に住む我々は、一年間に約一八六億本のアルミ缶を消費している【註1】。一人あたり五日に約二本を使い捨てている勘定になる。これは世界でもアメリカに次いで多い数字で、しかもこのなかにはさらに消費量の多い、コーヒーなどに使われるスチール缶は含まれていない。

それなのに日本では、アルミニウムの元となる鉱石であるボーキサイトはまっ

【註1】一〇年度。アルミ缶リサイクル協会の統計より。

たく産出しない。つまり我々が日々使い捨てている大量のアルミ缶は、もともとすべてどこかの国から持ってきたものなのだ。日本は世界最大級のアルミ輸入国だ【註2】。

ついでに言えばこの国では、鉄も銅も、自給率はほぼ〇パーセントだ【註3】。もちろん同じ地下資源である石油も石炭も天然ガスも、ほぼ一〇〇パーセントを輸入に頼っている。そのことを知った時には、採れもしない金属や石油でできたプラスチックで溢れかえっているこの国が、巨大な〝砂上の楼閣〟に見えた【註4】。こんなところで自給自足を目指すことが、どれほど難しいことなのか思い知らされる。それにしても、この国の輸入に対する疑いのなさは何なのか。

世界各国のアルミ缶需要量
（2009年推定、アルミ缶リサイクル協会）

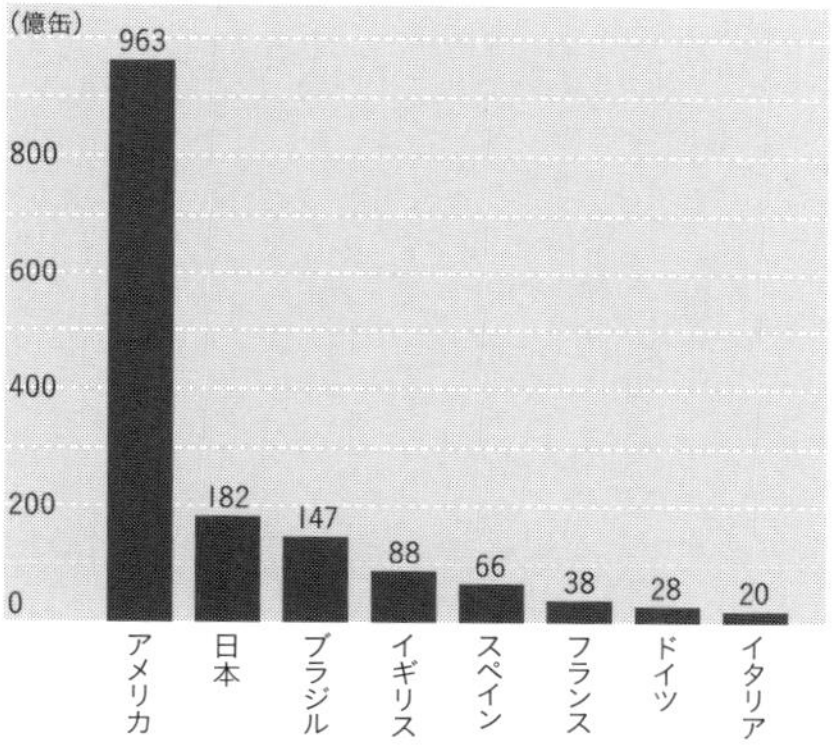

【註2】"World Metal Statistics Yearbook"の〇七年の統計では、一位日本、二位アメリカ、三位ドイツとなっている。

【註3】世界で多く生産されている金属は、一位がダントツで鉄、二位がアルミニウム、そして三位が銅。

【註4】ちなみに、木材の自給率は約二六パーセント（一〇年）でやや回復傾向にある。アスファルトは石油から作られるもの。ただしコンクリートやセメントの原料になる石灰石は、なぜか一〇〇パーセント国内で自給している。

インドネシアに作らせて輸入

アルミニウムという、あの白みがかった銀色の軽い金属は、鉄や銅のように何千年も前から人類が使ってきたものではない。一九世紀になって初めて〝発見〟された新しい金属だが、今では鉄とともに二大金属と見なされるようになった。その精製過程で莫大な電気を消費するため、「電気の缶詰」と呼ばれ、代表的なエネルギー浪費型の資源とされている。人類が使っている電力の三パーセントはアルミの精製に使われている、とさえ言われるほどだ【註5】。

日本でまずアルミの需要に火をつけたのが、木の窓枠に代わる六〇年代後半の「アルミサッシ」の大ブームだった。これによってまずは建築材料としての用途が広まり、続いて電車【註6】、自動車などの車体にも使われるようになった。

そしてアルミを我々にとって最も身近なものにしたのが、七一年に登場した「アルミ缶」だった。この年にアサヒビールはオールアルミ製の缶入りビールを発売し、以後アルミ缶は主に炭酸飲料の容器として、アルミの需要と同じく、うなぎのぼりに増え続けた。今ではこうした容器包装へのアルミの利用は、輸送用、

【註5】純粋なアルミを精製するためには、まずボーキサイトという鉱石から赤い泥を取り除いて「アルミナ」を取り出し、それに電気を通して分解する必要がある。

【註6】アルミ車両は軽くて騒音が出にくいため、特に地下鉄に重宝された。

建築用に次いで第三位であり、国内総需要の約一割を占めている【註7】。

しかし七三年のオイルショックによって電気代が値上がりした結果、国内でアルミを精製していては採算が合わなくなった。そこでこの国の産業界が考えたのが、工場を海外に移し、現地の水力発電による安い電気を使ってアルミを精製し、それを輸入するというやり方だった。原発事故を契機に電気料金の値上げが取りざたされ、鉄鋼業のコストが上がるため、海外に出て行かざるを得ないと騒がれているが、それとまったく同じことがすでにこの頃から起きていたのだ。

こうした、輸入国が資源開発に投資してその資源を輸入するやり方を、単純な輸入と区別して「開発輸入」と呼ぶ。今でも日本はアジア諸国に対して、地下資源だけでなく農作物や服なども含め、さかんに「開発輸入」を行っている。ただし「開発」と言うと聞こえはいいが、実態は経済的な侵略に近い。

さて、日本はインドネシアとの共同事業としてスマトラ島のアサハン川に巨大なダムと水力発電所、アルミ精製工場を、七五年から八四年にかけて、四千億円以上をかけて建設した。その費用のほとんどは日本側が貸し付け、工事も日本の

【註7】一〇年度。日本アルミニウム協会の統計より。ちなみに缶への利用では、アルコール飲料用が七割以上、特にビール（発泡酒、第三のビール等を含む）は約六割と、大部分を占めている。

建設会社が請け負った。発電した電気もほとんどがアルミの精製に使われた。

さらにここへは、地元で採れるものより質のいいオーストラリア産のアルミナが運び込まれ、精製されたアルミはすべて日本に輸出されることになった。インドネシアが請け負うのは電力と工場労働と、日本への借金である。アルミの輸出で稼いだカネも、その借金の返済に使われるのだ。日本国内で公害問題を巻き起こしていた精製過程で出るフッ化水素という有毒ガスも、当然インドネシアに押しつけられた。それなのに、現地の生活にはアルミ缶やアルミサッシはもちろん、自分たちで発電した電気すら行き渡っていないのだ。

これが日本による世界最大級の政府開発援助（ODA）と言われる「アサハン・プロジェクト」であり、今ではインドネシアの副大統領から「まったくの損害だった」と非難されながらも、日本では成功例として賞賛されている。やっかいなものを海外に押しつけたうえ、利息まで取れるのだから、確かに大成功なのかもしれないが、どう見てもこれは〝援助〟ではない。

さらに日本はブラジルのアマゾン川流域にもまったく同じ〝援助〟として、発電用のダムと、日本などへ輸出するアルミの精製工場を作った。こうして九千億円をかけてできたのが、東京二三区がスッポリと入ってしまう世界最大級のトゥクルイ・ダムだ。このダム建設では、立ち退きを強いられた六千世帯の先住民が難民化を余儀なくされ、抗議行動を行い話題になった。

「資源がない」からこそ「もったいない」

我々が五日に二本使い捨てているアルミ缶には、こんなコストがかかっていた【註8】。こうしたコストを海外に押しつけて、我々は高々ほんの数分でアルミ缶を使い捨てる。コストは価格にも反映されず、「アルミはリサイクルの優等生」などという業界団体の宣伝文句が、さらにそれを覆い隠してしまう。

自分たちで作れないものは、なるべく使わないようにしようとするのが「普通

日本がほぼ100%を輸入に依存している主な資源
（天然ガスは96%程度）

鉱物	エネルギー
アルミニウム	石油
鉄	石炭
銅	ウラン
亜鉛	天然ガス

【註8】ただしインドネシアからのアルミの輸入は減る傾向にあり、今同国は輸入上位国の五位以内には入っていない。ブラジルは三位（二〇一〇年）。

の感覚」だが、その感覚が働かないのだ。「日本には資源がない」「輸入するしかない」という話が、「いくらでも輸入で賄える」に、さらには「輸入を増やせ」という奇怪な論理にすり替えられている。取れもしない資源でできた工業製品をどんどん捨てて、省エネタイプに買い替えることがむしろ「エコだ」とされ、国策にまでなっているのだ。

我々の「普通の感覚」はすっかり麻痺させられて、浪費癖の付いただらしない人間にさせられているようだ。なぜこんなことになるのかと言えば、「そのほうが経済のためになるから」としか言いようがない。

もちろん自分も缶容器を使い捨てていないわけではない。缶ジュースや缶コーヒーはまず飲まないが、この国で缶ビールを飲まずにいることはとても難しい。それでも「使い捨てはもったいない」という感覚だけは忘れないようにしている。この「普通の感覚」を持ち続けることができれば、海外で取れた材料を寄せ集めて作られた〝砂上の楼閣〟のなかでも、自給自足を目指すことはできるはずだ。

自動車を増やす陰謀

自動車と道路で溢れた国

日本と言えば「自動車の国」だ。

自動車の保有台数を見ると、日本はアメリカ、中国に次いで世界第三位で【註1】、自動車密度で見れば保有台数で上位の国々をはるかに上回っている。道路密度も主要国のなかで群を抜いて高い【註2】。そして日本の乗用車の平均車齢はアメリカよりも短く【註3】、自動車の平均走行距離も主要国のなかで最短クラスなのだ【註4】。

我々は今や自動車と道路で一杯になった環境に生きていて、なおかつそれほど乗りもしないのに新しい車を持っていると言える。

けれども〇八年の世界金融危機によって、数ある産業のなかでも真っ先に立ち

【註1】二〇一一年に中国に抜かれた。乗用車は一世帯が一台以上持っている計算になる。

【註2】道路密度は、国土面積あるいは可住面積あたりの道路の長さ。"Economic Policy Reforms 2011"(OECD)より。

【註3】日本の乗用車の平均車齢は一一年でも七・七年だが、アメリカは一〇・六年（〇九年）。両国の車齢は一貫して伸びる傾向にある。乗用車とは貨物輸送や特種用途のためでない、人が乗るための車で、トラックやバスはこれに含まれない。

【註4】『世界の道路統計 2004』（日本道路協会）より。

行かなくなり、大量の失業者を出したのは、アメリカでも日本でも自動車産業だったのだ。この事実をどう考えたらいいのか？　つまり、自動車産業は今や過剰生産と浪費の上に成り立っていて、人々が余計な消費をやめただけで、簡単に潰れてしまうということではないのか【註5】。

ここではまず自動車産業の本国・アメリカで行われた、犯罪的とも言える自動車の売り込み方を見てみる。その後で、日本がなぜ「自動車の国」になったのか、その自動車振興がまともなものだったのかを検証してみよう。

GMの「モデルチェンジ商法」

今使われているガソリンエンジンによる自動車は一九世紀末にドイツで開発されたが、その製造を一大産業に伸し上げたのは二〇世紀に入ってからのアメリカだった。

フォードは一九〇八年に「T型」を開発し、いち早くベルトコンベア方式を工場に導入して、このひとつのモデルを大量生産した。T型は爆発的に売れ、それ

【註5】アメリカでは金融危機以前、自動車ローンの審査基準を甘くして、低所得者にも買わせることで販売台数を維持していた。金融危機によってそれができなくなったことが、販売減に大きく影響している。

まで贅沢品だった自家用車を大衆化した。人々は自動車で郊外から都心へ通勤し、週末は家族でドライブに出かけるようになった。そして二〇年代半ばになると買い替えが新規需要を上回り、自動車市場は飽和状態になっていた。

この頃、フォードに追いつきたいGM（ゼネラル・モーターズ）の取った戦略は、毎年新しいモデルを出すことでそれまでのモデルを流行遅れにしてしまうことだった【註6】。二三年に始めたこの戦略は買い替え市場に馴染み、二七年にはGMが乗用車の生産でフォードを追い抜いた。

以後、自動車産業ではこの「年次モデルチェンジ」が常識化してしまい、五〇年代以降にはテールフィン（尾ひれ）が高いもの、ライトの数が多いもの、色が二色や三色のものなど、どう見ても数年で飽きられてしまうようなデザインの新

主要国の自動車密度（可住面積1km²あたりの自動車保有台数）
（2002年、日本自動車工業会、総務省）

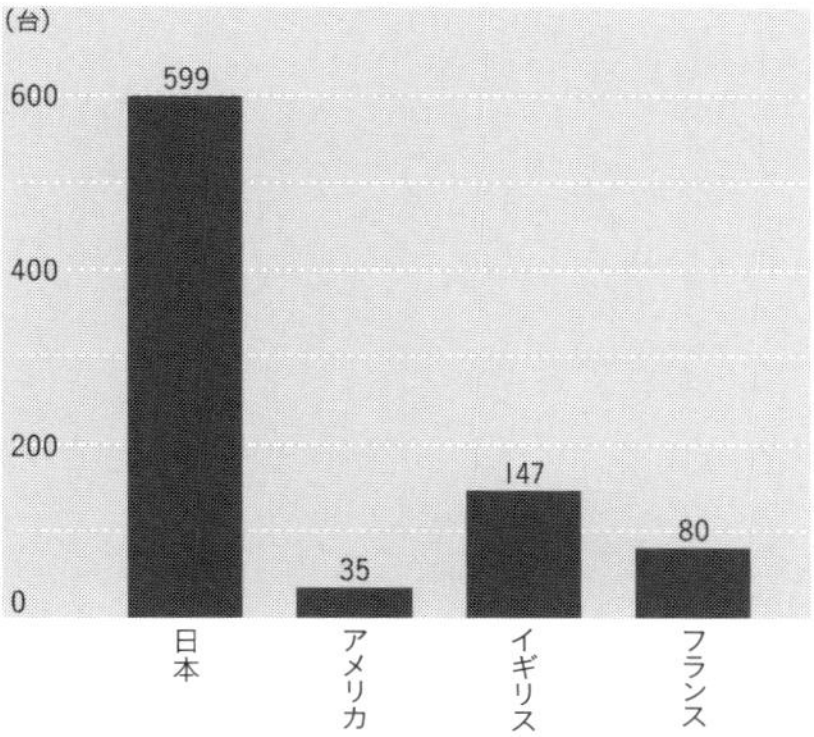

【註6】こうした販売戦略は「計画的陳腐化」と呼ばれる（⇒P23）。婦人服業界で行われていた計画的陳腐化を、真っ先に取り入れたのは自動車産業だった。

車を投入しては、最新の流行として宣伝して使い捨てを加速させた。もちろん今この国でも、モデルチェンジ商法は行われている。メーカー側から見れば〝エコ・カー〟も、そんな最新モデルのひとつにすぎないのかもしれない。

自動車は本当に必要だから増えているとも限らない。GMはさらに自動車がないと不便になるような都市交通網の改造まで始めるのだ。

自動車王国と呼ばれてきたロサンゼルスも、三〇年代半ばまでは当時世界最大の地下鉄と郊外電車の鉄道網を持つ、緑に恵まれた街だった。しかし三八年から、GMは石油会社などと持株会社を作って鉄道会社を買収し、赤字経営を理由に鉄道網をすべて廃止させてしまった。そしてそれに代わって作られたのが、縦横に伸びる高速道路網だった。

GMはニューヨーク、ボルティモア、セントルイスなど、全米四五もの都市で同じように鉄道会社を買収して電車を廃止させ、有罪判決まで受けながらも五五年までこの戦略をやめなかった。こうした言わば力ずくの方法で、二五年には八四万台だった自社生産を、五六年には一七〇〇万台、八五年には五〇〇〇万台以上に伸ばした。

　しかしロサンゼルスの都市計画が失敗だったことは、徐々に明らかになる。ひとつには大渋滞が常態化した。渋滞を解消するためにさらに道路を作っても、そこに新たな自動車が押し寄せて、また渋滞が発生するという悪循環から抜けられなくなった。そして排気ガスによるスモッグが健康被害を広めた。アメリカの交通政策では「ノー・モア・ロサンゼルス」が合言葉となり、九〇年になってようやくこの鉄道のない街に再び電車が走りだしたのだ。

　自動車が最初から必要ないものだったわけではない。けれどもこんなに無理な増産を続けていれば、いつかその需要が途絶えて破綻することなど目に見えていたはずだ。

主要国の道路密度（可住面積1㎢あたりの道路の長さ）
（2007年、OECD）

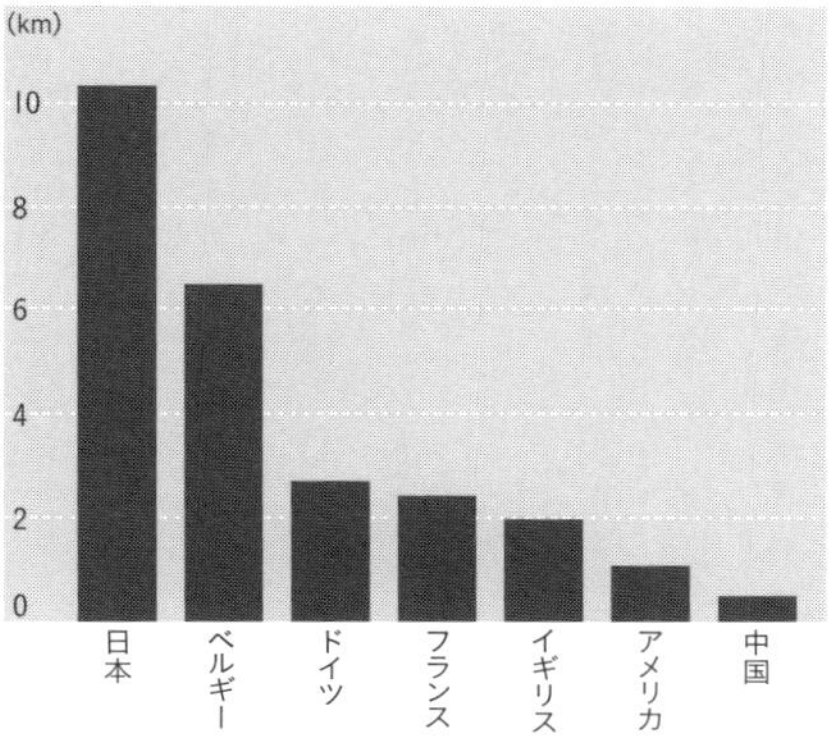

国が自動車を優遇した日本

それは、アメリカに負けない自動車大国である日本にとっても他人事ではない。この国が自動車大国になった背景には、戦前から自動車作りを経済成長のために奨励してきた歴史があるのだ。

自動車産業は鉄、ゴム、ガラス、エレクトロニクス、など多くの素材や部品の製造業に支えられている。また、単に自動車本体を作るだけの産業でもなく、販売、タクシーやトラック輸送、保険、整備、駐車場、ガソリンスタンド、レンタカーなど多分野の産業と関わっている。日本で自動車の製造やこれらの関連産業に従事する人は、全就業人口の八パーセント近くにも上ると言われる。しかもより間接的には道路の建設までもがこれに含まれるとすれば、その経済波及効果は確かに大きい。

そのためにこれを国の基幹産業にしようと、戦後しばらくは外国車の流入を抑えるための保護関税が敷かれ、部品工業を育成するための法律が作られた【註7】。道路への投資は公共投資のなかでも一貫して最大の比重を占めてきた。また自動

【註7】五六年に制定され七〇年まで延長された「機械工業振興臨時措置法」のこと。

国内の新車販売台数の推移
(日本自動車販売協会連合会、全国軽自動車協会連合会)
ピークはとうの昔にすぎている。

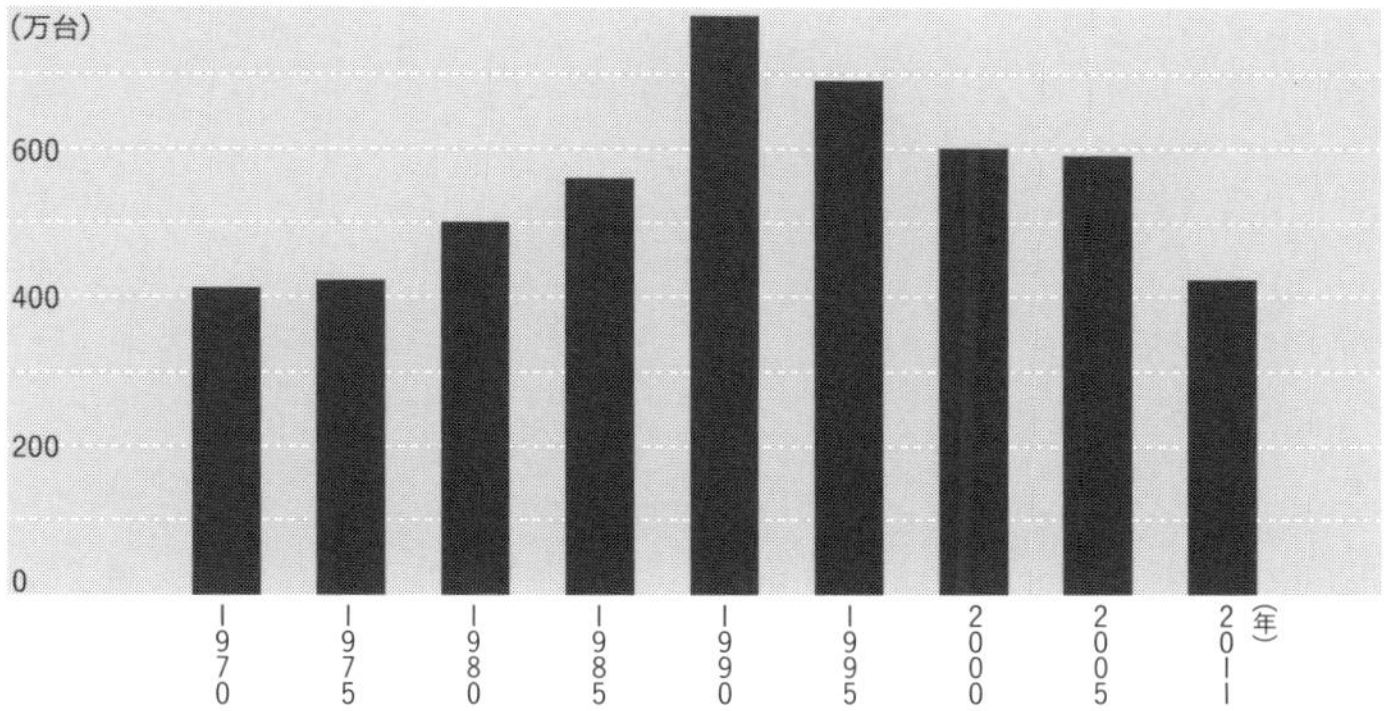

車教習所の大増設など、運転免許を取りやすくする国策の後押しもあった。五〇年代から始まった「道路特定財源」は、ガソリンや自動車に関する税金を道路整備だけに使うように定めた、道路事業への優遇策だった。

こうして、六〇年代後半にようやく本格的に始まった自動車の量産は、高度経済成長をリードし、七〇年代に国内販売が頭打ちになってくると輸出を伸ばしながら続いた。そして早くも八〇年には、日本の生産台数はアメリカを上回って世界一になったのだ。さらに八〇年代には中曽根内閣が、鉄道を潰して高速道路を建設する政策を進めた【註8】。

【註8】中曽根内閣は国鉄を分割民営化して、全国各地のローカル線など二〇〇〇キロを廃止。同時に第四次全国総合開発計画（四全総）によって、高速道路を三倍以上に延長し、全国を高速道路で結ぶ計画をスタートさせた。

国内の新車販売台数は、バブル経済の絶頂期の九〇年に七八〇万台のピークを迎える。この頃の日本は、本当はカネのない大学生までもが、当たり前のように自分がどんな車に乗っているかを自慢しあっているという愚かしい時代にあった。しかしこの販売台数のうち、八〇パーセントは買い替え、買い足し需要であり、すでに市場は飽和していたのだ。この時点で自動車の生産に代わる別の基幹産業を考えておくべきだった。

以後、自動車の国内販売は減少を続け、一一年には約四二〇万台という七〇年代後半と同じ水準にまで落ち込んだ。

「いらないもの」を作るのではなく

要するに、日本が「自動車の国」になったのは、自然な成り行きではなかった。この国の上層部が自動車産業の利益を図ろうと勝手に決めて、自動車の利用をあおってきたのだ。自動車がすっかり売れなくなった今も国は、自動車の輸出をしやすくするための貿易協定を結んだり、自動車を買いやすくする減税措置を取るなど優遇措置を続けているではないか。

国内はすでに自動車で溢れかえっている。輸出を伸ばせばいいなどと言われているが、どの国であれ自分たちの使う自動車は自分たちで作るべきであって、「南」の国の産業が育つチャンスを奪ってまで、「北」の我々が利益を得ることはない。それでもなお「自動車を作る」という未来のない仕事が、我々のやるべきことなのか？　誰だって、もういらないとわかっているものを作って生きていくのは虚しい。そしてこれは自動車に限った話ではなく、この国の多くの製造業や土木建設業についても言えることだ。

これからは自動車を作る代わりに何をすればいいのかを考える時だ。それは地球環境や「南」の人々のためというよりも、自分たちの生きがいのために、だ。

日本人はなぜパンを食べるのか？

「いまになって、日本では『米を見直す』キャンペーンを始めていることは承知しています。しかし、すでに小麦は日本人、特に若い層の胃袋に確実に定着したものと私たちは理解しています。今後も消費は増えることはあっても減ることはないでしょう。私たちの関心は、とっくに他のアジア諸国に移っています。日本の経験で得た市場開拓のノウハウを生かして、この巨大な潜在市場に第二・第三の日本を作ってゆくのが今後の任務です。日本のケースは、私たちに大きな確信をあたえてくれました。それは、米食民族の食習慣を米から小麦に変えてゆくことは可能なのだということです」

――アメリカ西部小麦連合会会長【註1】

日本を変えたアメリカの「小麦戦略」

【註1】『日本侵攻　アメリカ小麦戦略』（高嶋光雪著、家の光協会、一九七九年）より。

パン生産量の推移
（農林水産省、種類別の統計は65年から）

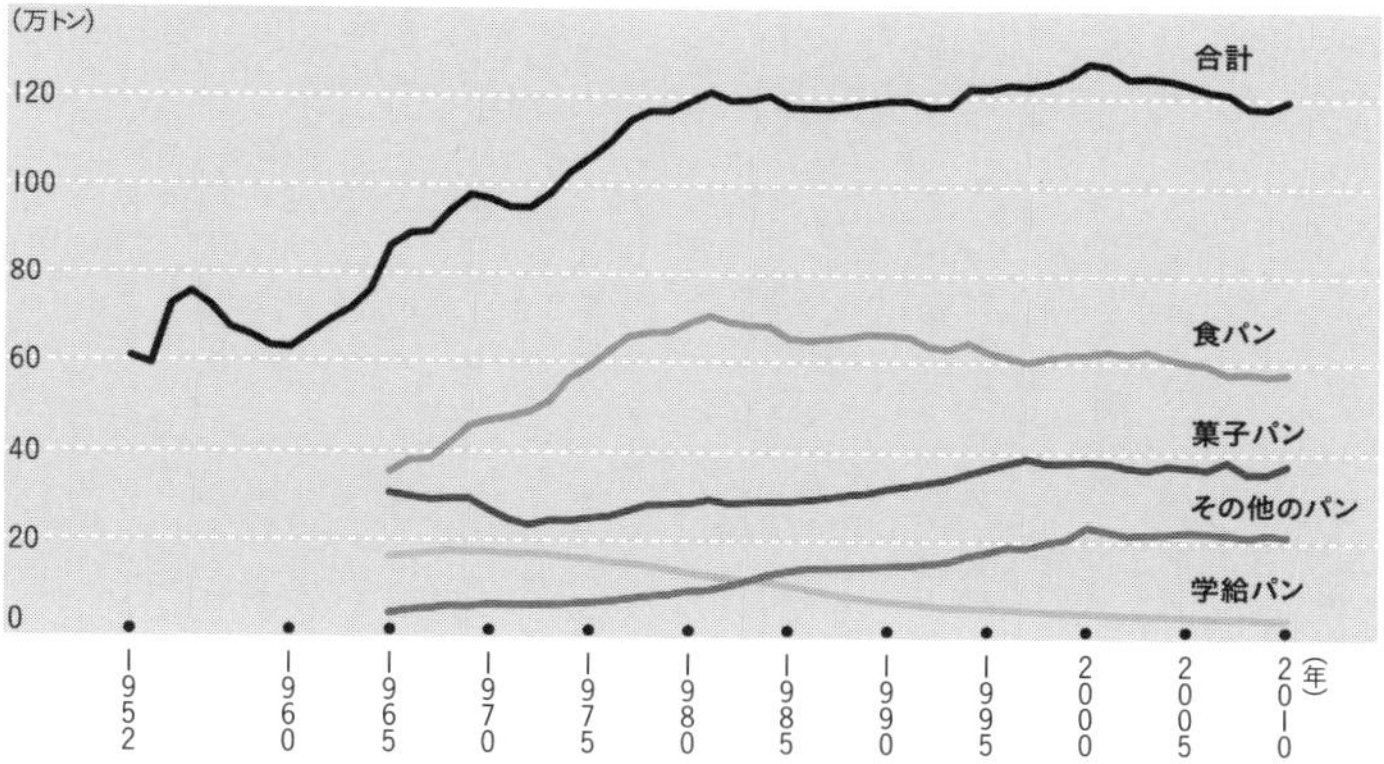

この驚くべき発言が、アメリカの小麦生産者側から出たのは、つい最近ではなく七〇年代の後半だ。

日本人は第二次大戦の終戦まで、一般にパンを主食にした「洋食」を食べる習慣はなかった。戦前まではご飯に味噌汁、漬物などを基本にした食事が普通で、こうしたコメ中心の食事を何千年もかけて、ゆっくりと作り上げてきたはずだった【註2】。それがほんの数十年の間にここまで劇的に変わってしまったのだから、これが自然な変化であるはずがない。

一九五〇年代の前半、アメリカは余った小麦の輸出先を探していた。そこでアメリカ側の主導で、日本にパン食を定着

【註2】伝統的な日本の料理では、獣肉と油脂の使用は極めて少なく、乳製品の使用は皆無だった。

させ、末長く小麦輸出の得意先にするべく「小麦戦略」が始まったのだ。

四七年から始まっていたパンと脱脂粉乳の学校給食が、まずは余剰小麦のはけ口として拡大された。アメリカの農務省が資金を出した「キッチンカー」という栄養指導車が、小麦を使った料理を実演しながら全国を回った。パン屋の育成事業も展開され、西洋から導入された栄養学はコメ食による栄養の偏りを警告し、パン、乳製品、肉のよさをアピールした。「日に一度、パンをかかさぬ母の愛」と書かれた看板を掲げた宣伝カーまで登場した（この時点ではまだ、一日に一度のパン食が目標だったのだ）。

こうしてコメよりもパン、味噌汁より牛乳が体にいいというイメージが作られていった。

さらに六〇年に池田勇人首相の打ち出した「所得倍増計画」により、日本を工業国として立国することが国策となり、これ以降国内の農業も国産の小麦も輸入産品によって壊滅的な打撃を受ける。

六五年には、アメリカ小麦の輸入を一億ブッシェル（二七二万トン）の大台に乗せる目標が定められ、小麦製品であるサンドイッチ、洋菓子、インスタントラーメン、マカロニ・スパゲティの各普及事業も始まった。つまり、これらの我々になじみの深い食品群は、この時期以前にはそれほど普及していなかったというわけだ。この頃に我々の食生活は、ほぼ今のように変えられてしまったと言えなくもない。

そして七〇年代後半には、パンへの需要も飽和点をむかえたと言われ、冒頭の発言につながるわけだ【註3】。今でも日本の我々が食べる小麦は九割が輸入品であり【註4】、そのうちの五割以上はアメリカからの輸入に頼っている。

主な穀物の輸入先
（2011年、財務省）

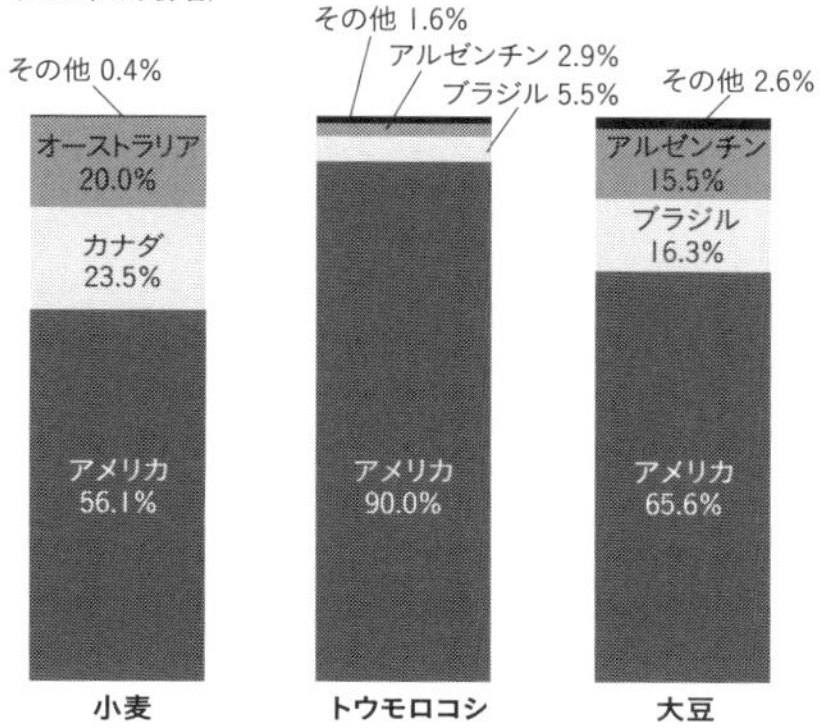

食べ方を歪める食品ビジネス

ここまで短期間に食生活が変わった例は世界的にもないと言われるほど、我々日本人の食べるものは変わった。では、

【註3】それでもパンの生産量はその後も少しずつ伸び続けていたが、ここ一〇年ほどは減少傾向にある。
【註4】日本の小麦の自給率は九パーセント（一〇年、農林水産省）にすぎない。

それによって得をしたのは誰か？　もちろんアメリカの小麦農家は儲かったが、流通を握る企業の存在も忘れてはならない。

アメリカから小麦を輸入すると言っても、アメリカ政府から日本政府に直接小麦が送られるわけではない。日本の場合小麦に関しては、実質的には国家貿易を行っていると言えるが、実際に畑で作られた農作物を送り込んでくるのは、商社や様々な農業関連企業（アグリビジネス）だ。輸入小麦は、

「海外の生産者　⇓　海外の穀物輸出業者　⇓　日本の輸入商社　⇓　農林水産省　⇓　日本の製粉メーカー　⇓　日本の消費者」

というルートでやってくる。

アメリカならカーギル社を筆頭とするいくつかの巨大穀物商社（穀物メジャー）が、内外の政策に深く関与しながら貿易を拡大しているし【註5】、日本では三菱商事、三井物産などの総合商社が中心になり穀物の輸入も扱ってきた。これらの巨大穀物商社は、日本の穀物供給の死命を握っているとさえ言われる。取引量が増えれば、彼らの利益も増える。アメリカ政府はこうした穀物商社や小麦生産者協会と協力して、日本に西洋風の食生活を普及したとされている。

【註5】世界の穀物の輸出入はカーギルとアーチャー・ダニエルズ・ミッドランド（ADM）の二つの巨大穀物企業による寡占状態にある。カーギル社は五六年に日本に進出している。

ヒトは生きている限り、必ずものを食べる。生き物なのだから当然のことだが、それを〝ビジネス・チャンス〟〝マーケット〟などと見なし、カネ儲けを企む人たちがいる【註6】。彼らのせいで我々の「食べる」という当たり前の行為は、ひどく不自然にさせられているのだ。この地球上に同時に存在する大量の肥満と大量の飢餓も、ともにそうした食品ビジネス全般によるところが大きいし、過食症の原因もそこに行き着くのではないか。

西洋風の栄養学から見て、終戦直後の日本人の栄養の取り方は改善すべき点ばかりだっただろう。しかしそうだったとしても、パンや小麦製品中心の食事に切り替えねばならない理由はない。まして今では、そのアメリカ本国で、和食が健康にいいと宣伝されているのだ。

日本に住む我々の生活を考える上で避けて通れないのが、この「アメリカによる経済的な侵略」の問題だ。少し考えれば歴然としているこの重大な事実が、なぜ国内で問題にされてこなかったのか不思議に思う。

【註6】ちなみに、日本の全産業のなかで、最も多くの広告費を使っているのは食品産業である（一〇年、電通）。また九八～九九年のデータでは、日本は世界でもアメリカに次いで二番目に食品の宣伝・広告費の多い国であり、アメリカと日本だけで世界の食品の宣伝・広告費の半分以上を使っていた。

反抗のしかた3　世界社会フォーラムと自律スペース～「今とは別の世界」の実践～

ヨーロッパに広がる「自力で生きるスペース」

今の経済の仕組みに依らない世界とは、どんなものだろうか？
社会主義が目指されているわけではないので、「こういうものだ」と言い切ることはできない。それは、各地域に合った多様な形を取る社会の集まりとなるはずだ。そんな「今とは別の世界」を作ってしまおうとする試みは、世界中で行われている。

自治区を作って生きるメキシコのサパティスタ民族解放軍や、自分たちの経済圏を作り、貧しい層への富の再分配に努めるベネズエラなどラテンアメリカの国々はその顕著な例だ。

また「ソーシャル・センター」と呼ばれる、この経済の仕組みからある程度自律したスペースも、ヨーロッパからアメリカやアジアなど世界各地に広がっている。ソーシャル・センターとは、料理、食事、宿泊、音楽や映画などのイベント、情報収集、展示など、自分たちで生きるための設備を集めた巨大なスペースだ。七〇年代後半から八〇年代前半にかけてイタリアをはじめとするヨーロッパで起きたスクワット運動がその始まりで、使わなくなった倉庫や学校などの建物一軒をまるごとスクワット（占拠）して使っているものが多い。これがイタリアだけでも百数十箇所もあり、基本的に非営利で運営され、「別の世界」のための重要な拠点になっている【註】。

壁一面を鮮やかにペイントしたベルリンのソーシャル・センター
Photo by J@ck!

二十数万人が集う「グローバル化対抗集会」

「別の世界」は数日間の大きな集会という形でも実現している。

一九九九年のシアトルでのWTO会議以降、IMFやG8など、経済のグローバル化を進める国際会議の開催地では大規模な抗議デモが行われていた。世界中からデモに詰めかける農民、労働者、NGOメンバー、アクティビストなど

【註】日本でその役割を担っているスペースには、例えば新宿・Irregular Rhythm Asylumや高円寺・素人の乱などがある。

の数は、数万人から二十数万人に上った。そこで、国際会議の都合に合わせてあちこちで集結するのではなく、自分たちで独自に集まろうと始まったのが、〝世界社会フォーラム〟だ。「もうひとつの（今とは別の）世界は可能だ！　Another World Is Possible!」。この言葉をスローガンとして、世界社会フォーラムは二〇〇一年に、ブラジルのポルトアレグレで始まった。その後毎年一回、アジアやアフリカに会場を移し、あるいは世界中で分散開催という形を取り、その土地の先住民を含む十数万人を動員しながら続いている。そこでは、いくつもの会場での数え切れないほどの講演や討論会、ライヴ、ワークショップ、キャンプ、デモ等々が繰り広げられている。

世界社会フォーラムは、毎年一月の終盤、スイスのダボスで〝世界経済フォーラム〟の年次総会が開かれる期間に開催される。この通称〝ダボス会議〟は、資本主義によるグローバリゼーションを進めるための、多国籍企業の代表と政治家やVIPたちによる集いだ。

これに対抗するための大会であることからもわかるとおり、世界社会フォーラムは経済のグローバル化に対抗する目的で立ち上げられた。そこで話し合われるテーマは、経済以外にも反戦や人権など多岐に及んでいるが、今のような私利私欲の追求を原則としない、民主的な世界を目指していることは間違いない。

世界社会フォーラムでは、通常の大規模な会議のように、大会宣言を採択することはない。

その多様な意見を無理にひとつにまとめあげるような、権威主義的な姿勢は否定されている。世界的に著名な言論人や南米の大統領までもがスピーチを行うが、その意見がフォーラム全体を代表するものとして扱われることもない。この集まりは、こうした民主性・多様性に溢れている。

世界社会フォーラムは日本でも分散開催されているが、参加者は数百人程度とまだまだ小規模だ。それはこの国が、「今とは別の世界」からどれだけ隔たっているかの表れなのかもしれない。

2003年、ブラジルで行われた
世界社会フォーラムの会場のひとつ
Photo by Victor Soares

自動販売機はなぜ増えたのか？

「缶コーヒーを飲用する習慣は、日本特有のものといえると思いますが、自動販売機の存在なしではここまで市場として成長しなかったのではないでしょうか。清涼飲料、とくに缶コーヒーの自販機もまた海外ではほとんど見られない日本だけの販売手段です。じつは、缶コーヒーの約七割は自販機で購入されています。日本の缶コーヒー市場は、日本独特の自販機という販売手段があったからこそ、これだけ大きくなったのだと思います」

——サントリーの飲料開発設計部員【註1】

世界一の自販機大国

缶コーヒーを飲む習慣が日本にしかなかったのには驚く。またその中身や容器の原材料である、この国にはないコーヒー豆やアルミニウムや鉄がどこでどんな

【註1】『サントリー——知られざる研究開発力』（秋場良宣著、ダイヤモンド社、二〇〇六年）より。

自動販売機の設置台数と一台あたりの人口数
（日本自動販売機工業会）

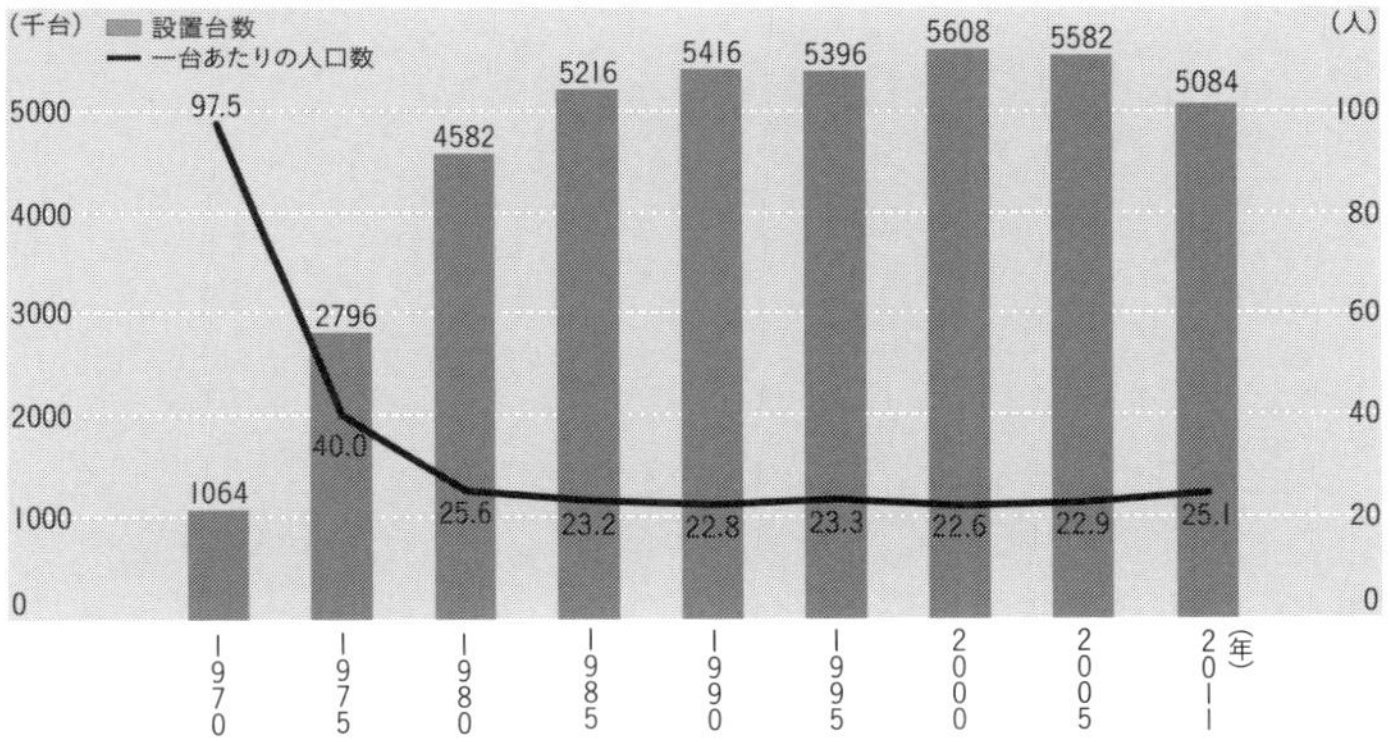

ふうに作られ採られ、はるばる運ばれて、ひとつの缶コーヒーになっているのかを思うと、そこに費やされたエネルギーの膨大さに気が遠くなるようだが、その問題は別の項目に任せる【註2】。

ここで問題にしたいのは、その缶コーヒーの存在基盤となっているらしい自動販売機だ。原発事故が起きて節電が不可欠だと騒がれた時、電力の無駄遣いとして真っ先に槍玉にあがったのが自販機だった。環境問題を考えるまでもなく、飲み物やタバコを売っている店の前に並んでいるのを見ただけでも、明らかな無駄を感じさせるこの自販機は、一体なぜこんなに増えたのだろうか？

【註2】アルミニウム⇓P82、コーヒー⇓P51。

自販機は日本に五〇八万台もあって、台数ではアメリカのほうが上だが、二五人に一台という割合も、年間五兆三千億円という売上げも世界一である【註3】。この売上げは国内のコンビニエンスストア全体の売上げ八兆円、百貨店全体の六兆円強と比べても驚くべき額だ。

しかも、治安の関係でアメリカでは外にある自販機は少ない。つまり、街頭にこんなに多くの自販機が置いてあるのは日本だけなのだ。

では自販機はどのくらい電力を使っているのか？　自販機全体の一年間の消費電力量は六六億キロワット時【註4】と、原発一基分の平均的年間発電量七一億キロワット時【註5】に迫っているのだ。

また日本の自販機の多さは、コカ・コーラという商品を通して経済のグローバル化とも関係している。飲料の自販機は二五三万台で全体の半数を占め、消費電力では九割近くを占めているが、その飲料自販機を一番普及させてきたのは、現在一〇〇万台近くを設置しているコカ・コーラ社なのだ。この会社は、コーラ飲料の原料輸入が完全自由化された一九六一年の翌年に、国内ではじめての瓶詰め飲料自販機の設置を開始。以後、自販機を販売道具として積極的に活用し、日本

【註3】参考：『自販機普及台数及び年間自販金額　二〇一一年版』（日本自動販売機工業会）。数字は自販機に両替機などの自動サービス機を加えたもの。ただし自販機には、飲料、食品、タバコなどの他に、乗車券などのチケット販売機も含まれていて、その売上げも大きい。

【註4】日本自動販売機工業会による、〇五年の普及ベースの数字。

【註5】原発一基の発電能力を一〇〇万キロワットとする。原発は一三ヶ月ごとに三ヶ月の定期点検が入るので、稼働日数は年間平均で約二九六日。一〇〇万キロワット×二四時間

での自販機の普及に貢献してきた。今でも自販機への依存率が高いことで知られる。あの真っ赤なコカ・コーラの自販機は、この会社のグローバル戦略の日本基地のようなもので、マクドナルドのMマーク、〝黄金のアーチ〟に相当する。

企業の批判をしない国

「こんなにたくさんあるのは日本だけ」ということは、「ある程度それがなくてもやっていける」ということの証のようなものだ。「店舗に行って買えばいい」と東京都知事は自販機の無駄さを指摘したが、わざわざ言われなくても、それは誰もが思うことだろう。なのに、なぜ飲料自販機が減らないのかというと、日本の飲料メーカーがすでに自動販売機に依存してしまっているからだ【註6】。飲料

各国の電力消費の割合
(2008年、IEA)
日本は世界3位。

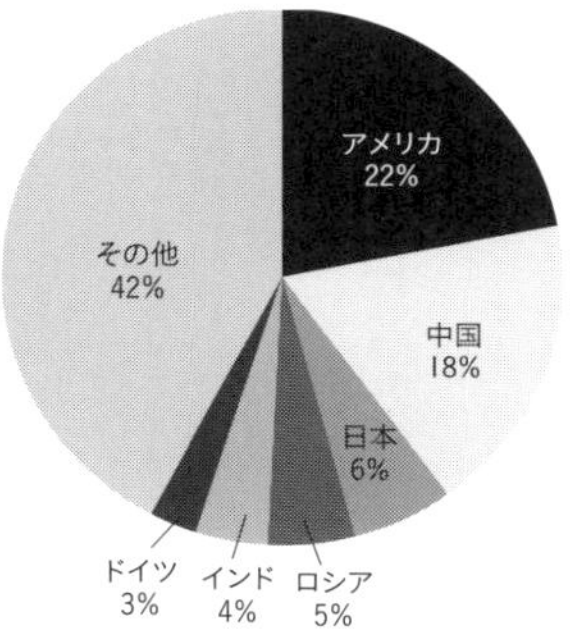

×二九六日で年間量約七一億キロワット時となる。

【註6】飲料の商品の種類が異常に多いことも日本の特徴だが、この傾向もひとつには自販機の品揃えを充実させる必要性から来ている。飲料業界には「せんみつ」という言い回しがあって、「千に三つくらいしか残る新製品はない」という意味。

自販機は年間二兆円以上も稼いでくれる、メーカーにとって不可欠な直売店舗なのだ。

しかも仮に元が取れない自販機であっても、目立っているだけで、それ自体が広告塔の役目を果たしてくれる。

だからこそ、飲料メーカーやその下請けの自販機会社は、スペースの提供者に電気代だけ負担してもらって、売上げの一部を渡し、あとの補充や空き容器の始末等はすべて面倒をみるという日本独自の戦略を取ってまで自販機を置いてもらおうと励んできた。

自販機が「飽和状態」にあると言われる（つまり「採算が取れる場所ではもう置くところがない」）今となっては、他社のスペースを奪い合ってまで、自販機での販売ルートに固執している。彼らが自発的に自販機を減らすことは期待できない。

日本は世界三位の電力浪費国であり、今の電力の年間消費量は一九八〇年の倍にもなる【註7】。けれども原発事故が起きるまで、電力の浪費も自動販売機も誰

【註7】経済産業省の統計より。

も問題視してこなかった。真夏の日向で自販機が缶ジュースを冷やしているのを見ても、「電力の無駄だ」と指摘しなかったし、街中に自販機が異常に溢れかえっているのに、「多すぎる」とも言わなかった。

この国は企業の活動を批判するという習慣に乏しい。マスメディアもよほどのことがない限り、企業の批判をしない。それどころか、企業に社会を支えてもらおう、皆で企業を応援しようという空気に満ちている。欧米の反企業運動などを見ると、明らかな空気の違いを感じる。それが、この国にばかり自販機が溢れかえった理由かもしれない。

とりあえず自分は自販機の文句を言い、自販機を使わないためにペットボトルに水を入れて持ち歩くことにしている。

アメリカが増やしたタバコの輸入

アメリカに潰された専売制度

日本は世界最大のタバコ輸入国だ【註1】。喫煙率も近年は大幅に下がってきてはいるが、六〇年代の男性の喫煙率は、八〇パーセントを越えていた【註2】。今もタバコ消費量は世界四位【註3】という、世界でもよくタバコが売れる国と言える。かつての日本は、グローバル・タバコ企業から見たら極めて魅力的な市場だっただろう。タバコは、グローバル企業が日本や世界でどんなふうに儲けを狙ってきたのかを見るためには格好の題材だ。

日本に輸入タバコが入ってきたのはいつからなのかというと、そんなに古い話ではない。一九八五年以前には、輸入タバコのシェアは三パーセント未満であり、ほとんどなかったとさえ言える。

【註1】タバコの葉ではなく、製品として（金額ベース）。『The Tobacco Atlas 第三版』（American Cancer Society, 〇九年）より。

【註2】日本たばこ産業の全国喫煙者率調査による。ちなみに、一〇年の男性喫煙者率は三六・六パーセントにまで下がった。

【註3】消費量一位は中国、二位はアメリカ、三位はロシア（The Tobacco Atlas 第三版）。ただし、国別のタバコ消費量には人口の多さも関係しているので、消費が多ければ喫煙率が高いとは言えない。日本の喫煙率は、「北」の国では平均的となってきている。

日本は明治時代に国によるタバコの専売制をしいて以来、世界で猛威をふるうグローバル・タバコ企業を退けてきた。

けれどもアメリカはそれを放っておかない。タバコ関係団体からの訴えにより、アメリカは日本とのタバコ自由化交渉を始め、九〇パーセントだった関税率の引き下げなどの合意が八〇年から次々と進んだ。八五年になると、当時の中曽根内閣はついに専売制度自体を廃止して、専売公社を民営化し、「日本たばこ産業(株)=JT」を設立した。輸入タバコへの関税は八七年までには〇パーセントにしてしまった。この時アメリカ自身でさえ、自国への輸入タバコには、二〇パーセントの関税をかけていたのだ(!)。この八七年には、アメリカは紙巻タバコの全輸出量の九四パーセントを日本に向けている【註4】。またこの時期に同じく、

たばこ輸入量上位国
(2006年、『The Tobacco Atlas 第3版』)

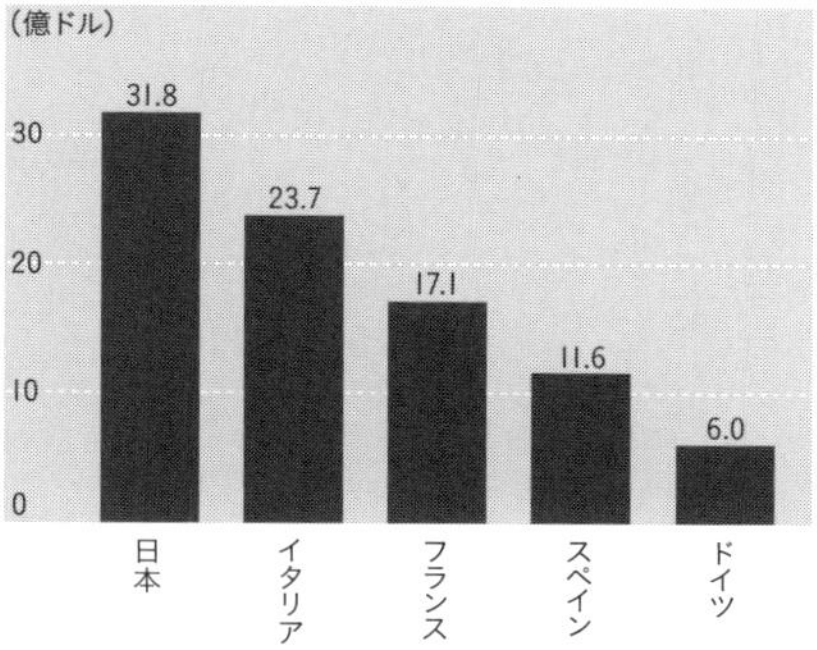

【註4】〇九年の時点でも、アメリカのタバコ輸出の七五パーセントは日本向けである(The Tobacco Atlas 第三版)。

台湾の市場も開放させているところを見ると、これはアメリカの対アジア戦略の一環だったのだろう【註5】。

もちろん自由化の打撃を受けたのは、国内のタバコ産業だけではない。農業における葉タバコの生産もこの時期に激減し、今も衰退の一途をたどっている。逆に輸入タバコの国内シェアは、以後徐々に増え続け、二〇〇〇年代の半ばには三分の一を越えた【註6】。

「北」がダメなら「南」に売ればいい

そもそも世界中のヒトが、タバコという植物の葉を燃やして煙を吸うようになったのもまた、それほど大昔のことではない。

もともと「喫煙」という習慣は、ヨーロッパ人が大航海時代にアメリカ大陸から持ち帰ったものだ。その後一六世紀末頃から、ヨーロッパやイスラム、中国の商人によって広められ、一七世紀半ばまでには日本も含めた世界中に伝わっていた。その拡大のスピードはコカ・コーラやリーバイスのジーンズよりも速かった

【註5】台湾の首都・台北では、市場開放の二年前の八四年には男子の喫煙率が二六パーセント、女子が一五パーセントだったが、九〇年には男子四八パーセント、女子二〇パーセントに上がってしまった。

【註6】日本たばこ協会の統計による。

国産・輸入タバコの販売量と輸入タバコのシェアの推移
（日本たばこ協会）

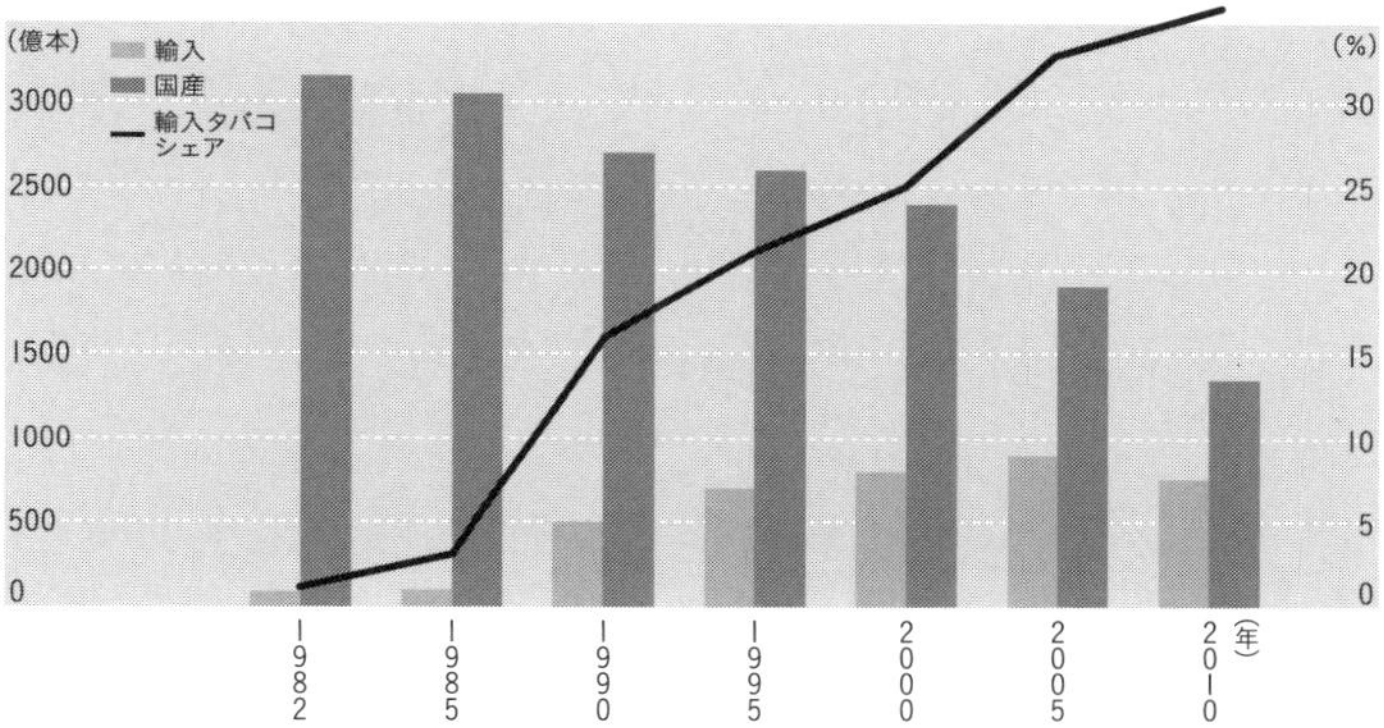

と言う研究者さえいる。タバコはコーヒー、綿花、あるいは茶、砂糖などと同様の「世界商品」となったのだ。

産業革命以降、特に一八八〇年代からは、機械化が進んだためタバコの製造を大企業が担うようになった。タバコ業界では特に、アメリカやイギリスの企業が目まぐるしい合併と吸収を繰り返しつつ、西洋市場の独占合戦を展開した。二〇世紀に入ると、ブリティッシュ・アメリカン・タバコ（BAT）社やフィリップモリス社などのいくつかのグローバル・タバコ企業が台頭して独占的な地位を占め、世界の市場をその支配下に置くようになった。

そして二〇世紀の後半から現在にかけて、グローバル・タバコ企業の悩みは、タバコの健康への害が明らかになり、「北」での喫煙率が下がり続けていることだ。そこで、まだ健康への害の認識が甘く、タバコの消費量が伸びている「南」の地域、特にアジアへと輸出の矛先を向けている。これは、原発輸出の構造にもそっくりだ。

「自分たちは健康によくないものを売っている」と認めながらも、売上げを落とす気はない。「北」で売れなくなったら、「南」で売ればいい。タバコに限らず、様々なジャンルのグローバル企業が取っている手口がここに露呈している。

マクドナルドの何がよくないのか？

店舗数は世界二位

ある調査によると、日本人が一年間に外食する回数は、一人あたり一九六回で、アメリカを抜いて世界一多かった【註1】。

世界一食事を自分で作らない国民というのもまずいが、同じくまずいことに世界最大級の外食チェーンであるマクドナルドの店舗数では、日本は本国アメリカに次いで第二位で、三位以下を大きく引き離している。つまり日本は「世界で一番マクドナルドを輸入している国」になっているわけだ【註2】。

もともとハンバーガーはどこの国の伝統料理でもないが、パンに焼いた牛肉をはさむという、日本の伝統料理からは特にかけ離れた（しかもほとんどの食材を輸入に頼っている）この料理が、なぜ、いつから我々日本人の大好物になったの

【註1】『食料の世界地図　第2版』（エリック・ミルストーン他著、大賀圭治他訳、丸善、二〇〇九年）より。
【註2】上位に入っている国は、日本を除いてどれも白人文化圏である。

だろうか？

日本のマクドナルド一号店ができたのは一九七一年で、同年にはミスタードーナツの、前年にはケンタッキー・フライド・チキンの、翌年にはモスバーガーとロッテリアの一号店もそれぞれオープンしている。七〇年はその業界では「外食元年」と呼ばれる年で、六九年の「第二次資本自由化」によって、「レストラン事業」の外国資本の参入が一〇〇パーセント自由化された影響が大きかった【註3】。

この頃からファストフード店が増えはじめ、日本人は少しずつ外食する習慣をつけていった。それまでファストフードはもちろん、外食でさえ普通のことではなかったし、それでも人々は普通に生きていたのだ。

この後日本の企業も、牛丼や回転寿司なども含め、マクドナルドを真似た営業形態、チェーン展開等々を始めるようになり、「飲食店のマクドナルド化」が進んでいく。

「画一化」による世界侵略

【註3】外国産のものが入ってきた経緯を調べてみると、頻繁にこの「アメリカによる市場開放の要求」に行き当たる。つまり我々が求めたから入ってきたわけではない。

マクドナルドも言われてみれば、確かに「レストラン事業」だったことに気づく。ただし、皿もコップもナイフもフォークも、一切の食器がないので（基本は手づかみ！）、上げ下げしたり食器を洗ったりする必要がない、異常に装備の軽いレストランだ（その代わりにおびただしい使い捨ての紙が必要になる）。料理らしきものは出るが、腕のいい料理人もウエイトレスもいない。人件費節約のため、そういうふうにレストランを改造したのが、一九五五年に出店したマクドナルドのアメリカ第一号店だったのだ。

そこで料理人に相当する人がやっているのは、料理と言うよりも工場で行われる単純な組立作業に近い。ハンバーガーを作るには、肉を焼き、玉ねぎとピクルス、ケチャップとマスタードを加え、パ

年間一人あたりの外食回数
（2005年、『食料の世界地図　第2版』）

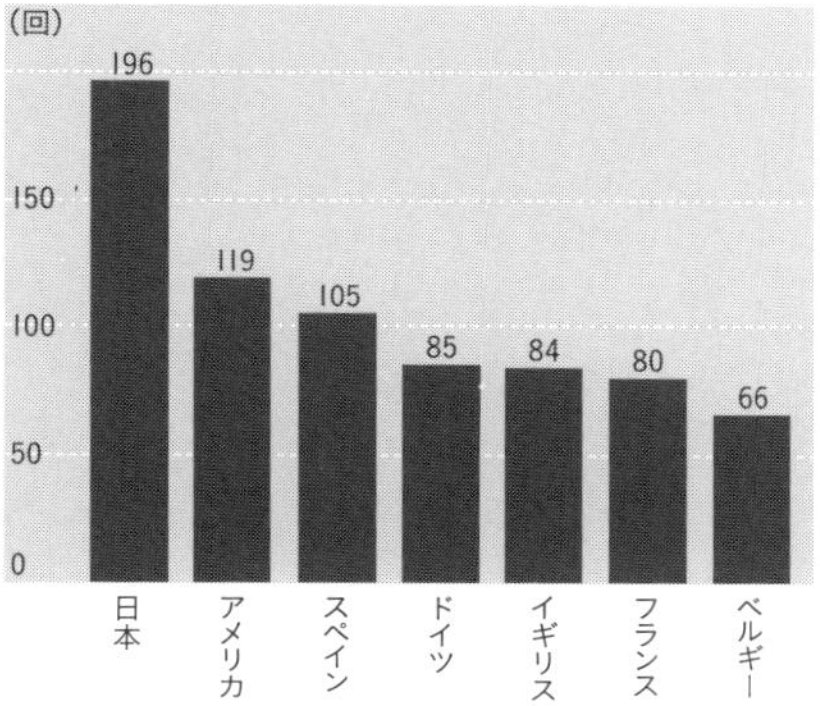

ンではさむ。これらの作業は徹底的にマニュアル化され、世界中どこに行っても同じ製品は同じ分量の材料、同じ味で作られる。ここに初めて工場の原理が、飲食店に応用されたのだ。

マクドナルドの何が悪いのか、今ひとつピンと来ない人も多いだろう。確かにこの企業は、世界で最もたくさん牛肉を買ってきたし、アメリカでは食肉そのものの最大の購入業者でもあった【註4】。マクドナルドはどれほど、エネルギーの無駄の多い「肉食（特に牛肉食）」を世界中に広めたことだろう【註5】。またその牛に食べさせる大量の牧草のために、南米大陸の広大な熱帯雨林が伐採されもした。

けれども一番悪い影響は、こうしたビジネス・モデルを世界中に広めてしまったことではないか。マクドナルドとそのMマーク、いわゆる〝黄金のアーチ〟は、そのためにグローバリゼーションのシンボルとも見なされているのだ。

簡単で、安く、一様に、どこにでもある。こうした画一化、単純化、合理化等々をもって初めて、マクドナルドは世界に展開できた。そのモデルはビジネスにとどまらず、文化・社会全般に行きわたってしまった。さらにこうしたモデルが雇用形態まで含めて、社会全体に浸透していくことを「社会のマクドナルド

【註4】参考：『世界ブランド企業黒書』（クラウス・ベルナー他著、下川真一訳、明石書店、二〇〇五年）。

【註5】一キログラムの牛肉には、飼料用穀物が七〜一一キログラム必要となる。同じく豚肉には四〜七キロ、鶏肉には三〜四キロの穀物が必要。ヒトは体内でたんぱく質を合成できるのだから、皆が食肉を減らして穀物を直接食べれば、はるかに多くの食糧が供給できる。

各国のマクドナルド店舗数
（2009年時点、米マクドナルドHP他）

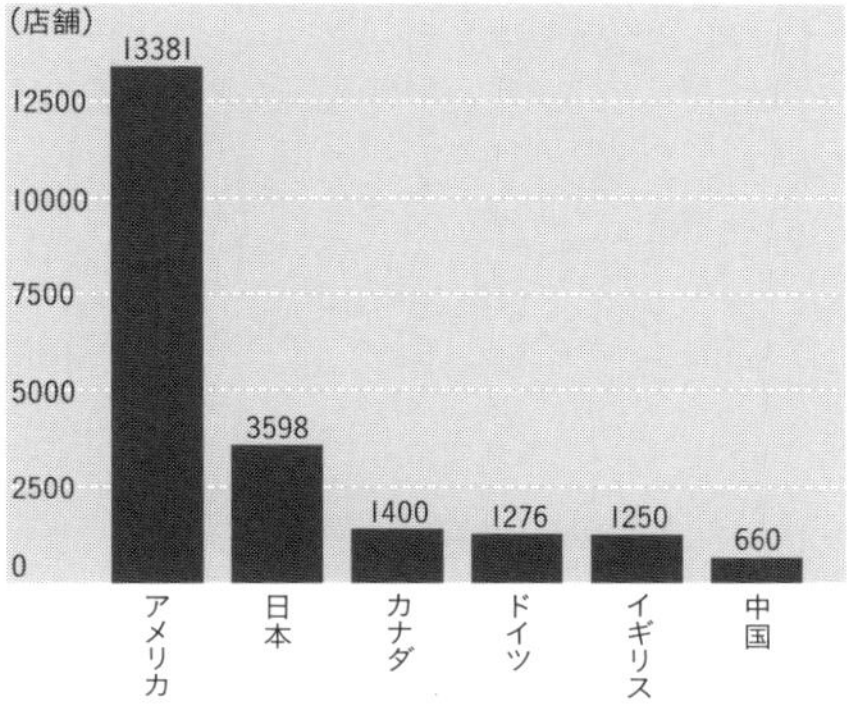

化」と名づけた社会学者もいる【註6】。

「多様性」による抵抗

とは言っても、マクドナルドをそんなに過大評価する必要もない【註7】。マクドナルドもファストフードも、二〇〇〇年代には健康志向の反発にあって世界的に伸び悩んでいる。

こうしたファストフード化に、と言うよりもっと広く「社会のマクドナルド化」に対抗する運動のひとつが「スローフード運動」だ。これはもともと、ローマにマクドナルドがオープンしたのをきっかけにイタリアで始まった運動で【註8】、各地域にある多様な食材を多様に

【註6】参考：『マクドナルド化する社会』（ジョージ・リッツア著、正岡寛司監訳、早稲田大学出版部、一九九九年）。著者が提唱する有名な「マクドナルド化」の四つの次元は、効率性、予測可能性、計算可能性、制御となっている。

【註7】飲食店の店舗数では二〇一一年、ついにマクドナルドはサンドイッチのチェーン店「サブウェイ」に世界一位の座を明け渡している。

【註8】日本では考えられないことだが、ヨーロッパではマクドナルドの出店に対して大規模な反対運動が起きる。フランスでは、後

料理して、多様な味をゆっくりと楽しもうと、そして農家と消費者とをつなげながら農業を守り、ひいては文化や生物の多様性を維持しようとしている。つまり食べ物を通して、社会全体を本来自然界がそうである通りの姿に戻そうとしているわけだ。

本来生物界は多様であることをよしとしている。日本にマクドナルドを広めた藤田《ふじた》田《でん》元日本マクドナルド社長は「勝てば官軍」「優勝劣敗」といった言葉を好んだが、優れた生物種などというものがあるとしたら、それは環境の変化に柔軟に対応できて、一度に全滅してしまわずに生き残れる、多様性を兼ね備えた生物種であるはずだ。

少なくとも我々は、安易にマクドナルド化を受け入れすぎていないか？　外食を控えて、自分の好きな食材や味付けで食事を作るだけでも、十分に多様性は増す。それも立派にスローフード運動だし、画一化、単純化、合理化に抵抗すること自体が、立派な反ファスト、反マクドナルド、反グローバリゼーション運動だ。

に欧州議会議員となるジョゼ・ボヴェを中心とする農民たち多数が建設中のマクドナルドを解体し、人々から喝采を浴びたこともある。

反抗のしかた 4 ラテンアメリカ革命～巨大な自律経済圏～

貧困層のための政権ラッシュ

人数では多数派を占める貧しい人々が、多数決で自分たちの代表に政権を運営させる。こんな一見当たり前のことも、日本では到底不可能なことのように思える。けれども、世界に目を向けてみると、必ずしもそうではない。ラテンアメリカ【註1】ではここ一〇年ほどの間に、それまでの富裕層による少数支配に代わって、貧困層のための政権が続々と生まれている。

一九九九年のベネズエラに始まるこの〝革命〟は、ブラジル、アルゼンチン、ウルグアイ、ボリビア、ペルー、エクアドル、チリ、グアテマラ【註2】、ニカラグア、エルサルバドル等々に波及し、新自由主義を見直し、アメリカに追従しない一大地域を生み出しているのだ。南米で新自由主義・親米路線を貫いているのは、今やコロンビアくらいになっている。

これらのラテンアメリカ諸国は、七〇年代から世界に先駆けて新自由主義の実験場となり、

【註1】メキシコ以南の南北アメリカ大陸のこと。メキシコ、中米、南米、カリブ海を指す。

【註2】ただし、チリで二〇一〇年に大統領になったピニェラは中道右派、グアテマラで二〇一二年に大統領になったペレスは右派とされている。

また何世紀もの長きにわたってアメリカに搾取されつづけ、「アメリカの裏庭」と呼ばれてきた。そのため貧富の格差が激しく、経済破綻が相次いだ地域だったのだ。

台風の目になったチャベス大統領

その〝革命〟の台風の目になったのが、南米北部にあるベネズエラの大統領、ウゴ・チャベスである。ベネズエラでは収入の多くを石油の輸出に頼ってきた。けれどもその富は、石油会社を操る少数の支配層とその周りの中間層に独占され、五五パーセントもの国民が貧困層となっていた【註3】。

チャベスは一九九九年に大統領に就任すると、その富の再分配を図った。貧困層に医療、住居、教育などを与え、最低賃金を引き上げ、失業対策や食料対策を進め、石油の実質的国有化も実現した。先住民の土地所有権も認めた。またアメリカとの自由貿易に反対し、ラテンアメリカ各国と結んで独自の貿易圏や金融圏、放送網を築こうとしている。貧困層は〇五年には、三八パーセントにまで減った。

これに対して、ベネズエラ国内の富裕層はカネとマスメディア（特に民放テレビと新聞）を駆使したチャベスへの攻撃を繰り広げるが、もちろん民衆を動かすことはできていない。〇二

【註3】首都カラカスでは、住民の六割以上がスラムに住んでいる。

年にはアメリカの力を借りてクーデターを企てたが、失敗に終わった。この時わずか二日間だけ大統領の座に就いたクーデターの首謀者は、ベネズエラ最大の経済団体（日本の経団連のようなもの）の会長だった。

ベネズエラで起きていることもまた、日本の社会を考える上で示唆に富んでいる。日本でもやはり、貧しい側の多数派と対立しているのは経済界の上層部であり、彼らの武器はカネとマスメディアなのではないか？　今のこの国は、チャベスが登場する前のベネズエラに似ている。その支配を覆すためには、まず少数派のプロパガンダに乗るのをやめることだ。

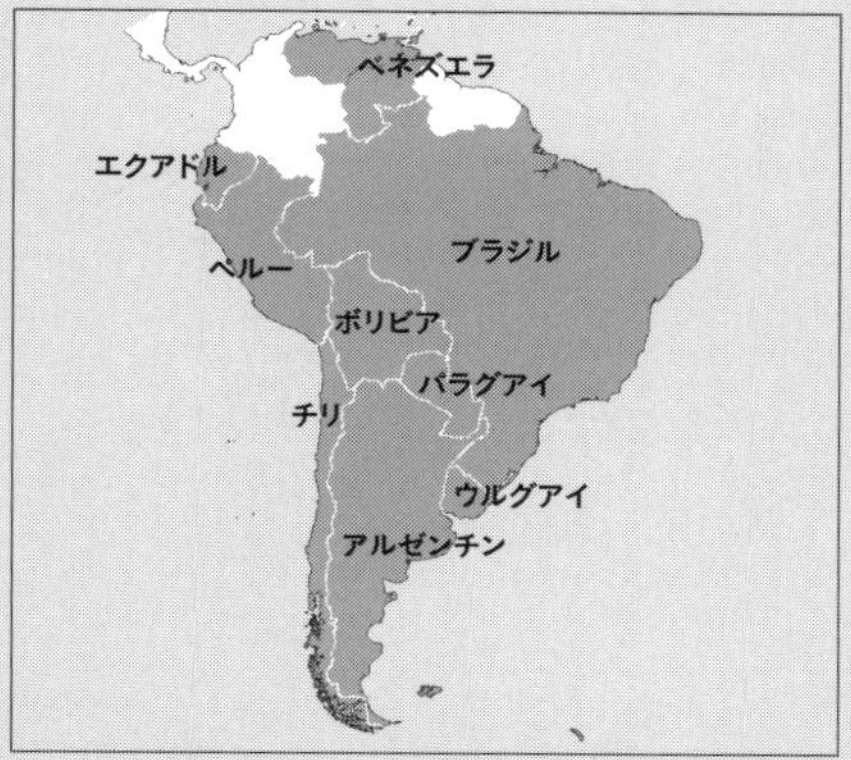

南米で21世紀にいわゆる左派政権が実現した国々

第三章

初心者のための“批判的”経済入門

誰にでもわかる資本主義の定義

すべては「儲け」のため

資本主義とはなんだろうか？　人によってその一番の核心とするところは様々だが、百科事典には、次のようにわかりやすく書いてある【註1】。

「資本主義とは利潤の獲得を第一の目的とした経済活動のことをいう。貨幣が元手として投下され、もうけ（利潤）とともに回収されたとき、貨幣は利潤を生み出す資本として用いられたことになる。」

「資本主義経済においては、生産活動も生産の必要そのもののためになされるのではなく、利潤の獲得のためになされる。」

「利潤の獲得はさまざまの機会をねらって行われる。ある品物を安く買ってきて別のところで高く売ることによって、また、なにか品物をつくってそれにもうけ

【註1】『世界大百科事典』（平凡社、二〇〇七年）より。

をつけて売ることによって、さらには貨幣を人に貸しつけて利息をとることによってでも、利潤は獲得される。」

つまりこういうことだ。資本家がシャンプーを売る時、「一〇人いるから三本くらいあれば足りるだろう」ということは問題ではない。問題は「一本につき一〇円の儲けがあるから、三本なら三〇円の儲けだが、ひとりに一本ずつ売れば一〇〇円の儲け、ひとりに二本ずつ売れば二〇〇円の儲けになる。なんとか二本ずつ売れないものか？」ということなのだ【註2】。

それはシャンプーという品物でなくても、服でも自動車でも缶ジュースでも、何でもいいし、また製造業でなくてもいい。「こっちで買ってあっちで売れば一個につき一〇円の儲けになるから、一〇個売って一〇〇円の儲けにしたい」といった商業でも、「五パーセントの利率で一〇〇円貸せば五円の儲けになるから、一〇人に一〇〇〇円ずつ貸して五〇〇円儲けたい」と言った金融業でも何でも同じなのだ。根本にあるのは、こうしたカネ勘定だ。

必要なものを必要な分だけ作るのであれば、十分に作ってしまえば、後は同じように作り続ける必要はない。けれどもそれがカネ儲けのための手段でしかない

【註2】我々が豊かさを追求したために、モノの溢れた社会になったかのように言われるが、単に売る側が儲けを追求した結果にすぎないのかもしれない。

のなら、そうはならない。例えば、土木建設の企業は、道路工事やダム建設等々を延々と行うことで儲け続けなければならないし、電気や石油も企業の売り物なのだから、節約ではなくどんどん使わせる方向に向かってしまう。貿易や投資についても同様だ。

「足る」ことを知らず、無限の成長を求める不可解な経済活動が、こうして出現することになる【註3】。

世界に格差と環境破壊をばら撒く

儲けを大きくする方法は大量に売りつけることばかりではない。元手に使うカネ（コスト）をもっと安く済ませることでも、儲けは大きくなる。

このために資本家は人件費をどこまでも安く上げようとする。こうして儲けのなかでも、労働者の賃金に割り当てられる分は低く抑えられ、ついには賃金が高くつく国の工場は閉鎖して、もっと安い国に工場ごと移転するようになる。原材料費もまた安く抑えようとするので、弱い立場に置かれた一次産品の生産者は、

【註3】この弊害をなくそうと、ソ連をはじめとする社会主義国は、社会全体でどれだけのものが必要かをあらかじめ計画して、必要な分だけ作って流通させる〝計画経済〟を行った。

常に安く買い叩かれてしまう。

さらに資本家は、資源を取ってきたり、ゴミを捨てるなどして環境を汚した後始末をする費用も安く済ませようとする。ある国で環境破壊への規制が強くなれば、コストがかかるので、より規制の甘い国へ移動してしまう。

こうしたなりふり構わないコスト削減のせいで、世界の格差と環境破壊は一向によくならない。

そしてこのように資本主義は、儲けを求めて外へ外へと広がる性質を持っている。〝カネ儲け主義〟は古くから世界中にあったが、それによる生産が社会のなかで支配的になったのは、一八世紀後半イギリスの産業革命の時で、ここに初めて資本主義社会が成立した。これ以降、資本主義社会はより多くの購買者やカネを貸す相手（投資先）、安い労働力や資源を求めて世界に広がった。特にここ数十年の間にはそれをやりやすくする措置が世界中で取られたため、今では資本主義と無関係な場所はほとんどないとまで言われるほどになった。

ではカネ儲けを第一の目的にしてしまった社会が失ったものは何か？　当然のことながらそれは、「カネ儲けにつながらない価値」だ。この社会では人の健康や環境への害も、金額に換算しないと文字通り「計算に入らない」ようになってきた。ましてや我々の多様な「幸せ」について、この社会が勘定できるわけがない。

グローバル化する資本主義が、カネのあるなしにかかわらず、すべてのヒトにもたらす災いはこれである。

GDPと自由貿易とカネへの依存

「たいていのパパラギが、その職業ですることのほかは、何もできない。頭は知恵にあふれ、腕は力に満ちている最高の酋長が、自分の寝むしろを横木にかけることもできなかったり、自分の食器が洗えなかったりする」――サモアの酋長・ツイアビ【註1】

GDPは豊かさを示さない

日本に住む我々が〝豊か〟であるとされる根拠は、GDP（国内総生産）の大きさが世界でも有数だということだ【註2】。豊かさを測るほとんど唯一絶対の基準がこのGDPであり、経済成長とは、単にこの値が増えることでしかない。

GDPとは「ある年に国内で生産されたモノやサービスの付加価値（儲け）を足したもの」だ。経済学でも当たり前に、「GDPが大きくなる＝いいこと」と

【註1】『パパラギ』（岡崎照男訳、立風書房、一九八一年）より。パパラギとは白人のことで、この本は初めてヨーロッパ社会を見たサモア諸島の酋長・ツイアビが、その〝異常さ〟を語った演説集。〝職業〟については一章を割いて批判を加えている。

【註2】二〇一〇年の値で中国に抜かれるまで、日本は六八年以来世界で第二位の座を保ち続けた。ただし一人あたりのGDPでは、世界で一六位（一〇年、IMFの統計）と振るわない。

見なされてきた。では奇跡の経済成長を遂げたはずの我々は、なぜこれほど〝豊かさ〟からほど遠いのか？

GDPは簡単に言えば、我々がカネを使うほど大きくなる。ありもので弁当を作っていくよりも、五〇〇円のランチを食べたほうが、五〇〇円のランチよりも一〇〇〇円のランチのほうが、GDPは大きくなる。引越しをする時に友人に手伝ってもらっても、仮にその友人に謝礼金を払ったとしても、そのやり取りは市場を介していないので、GDPには加算されない。ただしこれを引越し業者に頼めば、GDPは増える。

すべての家事はカネに換算できないので、GDPには含まれないが、子どもを自分で育てずに、保育園に預ければGDPは増える。皆が水道水を飲むのをやめてボトル入りの水を買うようにすれば、GDPは増える。公園で遊ぶのをやめて、遊園地に行けばGDPは増える。自分で服を繕わず、捨てて新しく買えば、友人とのCDの貸し借りをやめて、一人一人が買えば、自転車はやめてタクシーに乗れば……、いずれもGDPが増えるのだ。

つまりこういうことだ。我々がカネを使わずに、自分自身で、家庭のなかで、友人と、あるいは隣近所といった共同体でやっていたことを、カネを払って誰かにやってもらうほど、それもよりたくさんのカネを使うほどＧＤＰは増える。ＤＩＹや自給自足や共有や相互扶助を進めることは（それどころか単なる節約までもが！）、ＧＤＰを減らし経済を縮小させるのだ。

経済学者はもちろん、カネが回れば回るほど儲かる資本家も、経済成長を単に「いいこと」と考えている。特に日本人は、言われるがままにこのＧＤＰ（かつてはＧＮＰだった）を「信仰」してきてしまった。そして我々の生きる環境は、見てのとおり徹底的に市場経済に食い荒らされたのだ。

世界中で近代化の過程を通して、共同体や自給自足圏をどんどん市場が侵食していき、あらゆるものが商品化され、人と人とのつながりをカネを介したつながりに変えていった。こうして経済は成長してきたし、今でもそれは続いている。

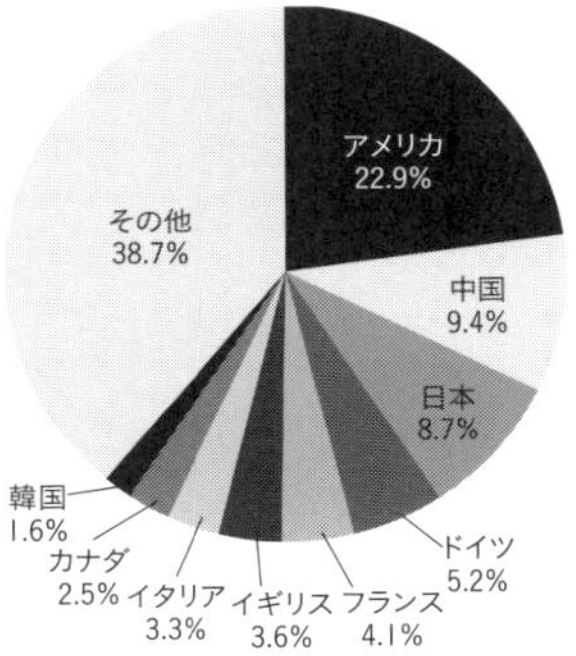

主要国GDPの世界にしめる割合
（2010年、OECD他）

ヒトをどんどんカネに依存させている。こういうものが経済成長なのだから、経済が成長するほど、我々は貧しくなっていると言うこともできるのだ。

貿易が進むと飢餓が増える

こういう傾向は、国と国との関係においても見られる。

「どんな（劣った）国でも比較的に生産性の高い産業に特化して、それを輸出し、他のものをそのカネで輸入すれば豊かになる」。これが経済学で最も重要な命題のひとつと言われる「比較優位（比較生産費）説」【註3】だ。一九世紀の前半に大英帝国の元証券仲買人が唱えたこの説が、今でも自由貿易を世界が推し進める論拠になっている。

ではそのとおりに、例えばコーヒーの生産に特化した「南」の国々は豊かになっているか？　なっているわけがない。理論がどうであれ、現実にはコーヒー豆の相場は大きく変わるし（基本的には常に安く買い叩かれている）、輸入する食料の値段もしばしば高騰する。コーヒー豆で思うように稼げなかった年には、そ

【註3】提唱したのは、D・リカード（一七七二―一八二三）という、アダム・スミスと並ぶ古典派経済学の大物。

の国の農民は食料が買えずに飢えたり、農地を後にして都市に出てスラムに住むしかなくなってしまっている。これはコーヒーだけでなく、カカオ、綿花といった換金作物の輸出に特化した多くの「南」の国に見られることだ。豊かになるどころか、この〝モノカルチャー（単一栽培）経済〟こそが飢餓の大きな原因になっている【註4】。

だというのに、世界ではこの比較優位説に則った換金作物の単一栽培が、ＩＭＦ（国際通貨基金）などによって債務国に押しつけられ、ますます事態を悪化させているのだ。

つまり国際社会でも共同体のなかでも、同じようなことが起きているわけだ。

こういった「分業」をどんどん進めようという考えは、国と国との貿易に限らず、アダム・スミス【註5】から始まる経済学の考えの根の部分にある。つまり各自がひとつのことだけやって、あとは他

自由貿易推進の論拠を築いた D.リカード

【註4】また単一栽培では、天候不順や病害虫の発生で、作物が全滅してしまう危険性が高いため、それを避けるためにも、多様な作物栽培の必要性が叫ばれている。自動車をはじめとする工業製品の生産や輸出に特化してきたこの国も、その産業が突然倒れた時のことを考えておいたほうがいい。

【註5】アダム・スミス（一七二三―九〇）。「経済学の父」とも呼ばれるイギリスの経済学者。自由放任や分業の利点を唱えた。

の専門の人に（それも、カネを払って）やってもらえば、効率がよくなって生産性が上がり、社会全体が豊かになると考えられていて、そのとおりに我々の社会は変わってきている。この経済の仕組みは、国も個人も〝モノカルチャー化〟し、カネに依存させるのだ。

けれどもそのせいで、ひとつの国がそうであるように、ある人が仕事を失ってしまったら、まったく生きるすべがなくなったり、何の価値もない人扱いされるようになってしまっているのではないか？

今強調すべきなのは分業のメリットではなく、行き過ぎた分業を見直して、より多様で自給自足的な方向に戻すことだ。我々は社会の生産性を上げるために生きているわけではない。

金融危機と自由主義経済の歴史

「自由放任は終わった。全知全能の市場は終わった」

——サルコジ前仏大統領【註1】

金融危機はなぜ起きたか?

二〇〇八年に起きた「金融危機」を、これほどあっさり忘れ去っていいのか?振り返ってみよう。まず〇八年九月にアメリカのリーマン・ブラザーズなどの投資銀行が立て続けに破綻する「リーマン・ショック」が起きた。それは「アメリカ金融危機」に発展し、さらに同年にはアイスランドが破綻するなど、まずはヨーロッパへ、そして世界中へ広がり、「世界金融危機」になった。その後、危機は自動車産業など世界の実体経済に及んで、「世界同時不況」などと呼ばれた。GM(ゼネラル・モーターズ)を筆頭とする破綻した巨大企業を救済するために、

【註1】二〇〇八年九月、リーマン・ショックを受けての発言。

各国で公のカネが湯水のように使われ、おびただしい数の人々が失業した。日本でも派遣切りが相次ぎ、〇八年末には年越し派遣村が作られた。一二年になってもヨーロッパは一向に不安定な状態から抜け出せない。

こうして見てみても大変な出来事だった。それなのに世界は、こんなことを引き起こした責任者を十分に追及したとは言いがたい。これでは、また同じことが繰り返されてしまう。

金融危機の直接の原因は、サブプライム・ローンだった【註2】。けれどもこの大事態の原因を、それだけのせいにするのは矮小化も甚だしい。その背景にあったのは、「新自由主義」（市場原理主義）が世界中で推し進めた〝金融の自由化〟、つまりカネのやり取りに対する規制の緩和だった。そもそもアメリカで金融危機の下地になった住宅バブルが起きたのは、九〇年代に日本のバブル崩壊や東南アジアを中心としたアジア通貨危機によって引き上げられたカネがアメリカに流れ込んで、ITバブルを起こし、さらに住宅バブルにつながったからだ。こうした巨大なカネの移動は、金融自由化があって可能になったのだ【註3】。さらにインターネットの発達も、カネのやり取りのしやすさに拍車をかけていた【註4】。

【註2】サブプライム・ローンとは、アメリカの信用度の低い人向け住宅ローン。このローンを含んだ証券が広く売られていたため、ローンを返せない人がたくさん出た時、問題が大きくなった。

【註3】参考：『金融大崩壊』（水野和夫、NHK出版、二〇〇八年）、他。

【註4】現在世界の外国為替（FX）取引高は、一日四兆ドル（国際決済銀行、二〇一一年）で、年々増え続けている。これに対して、実際の物の移動を伴うやり取り（世界貿易額、輸出ベース）は一日四一二億ドルで（日本貿易振興機構調べ、二〇

主流となった経済学説の流れと代表的な経済学者

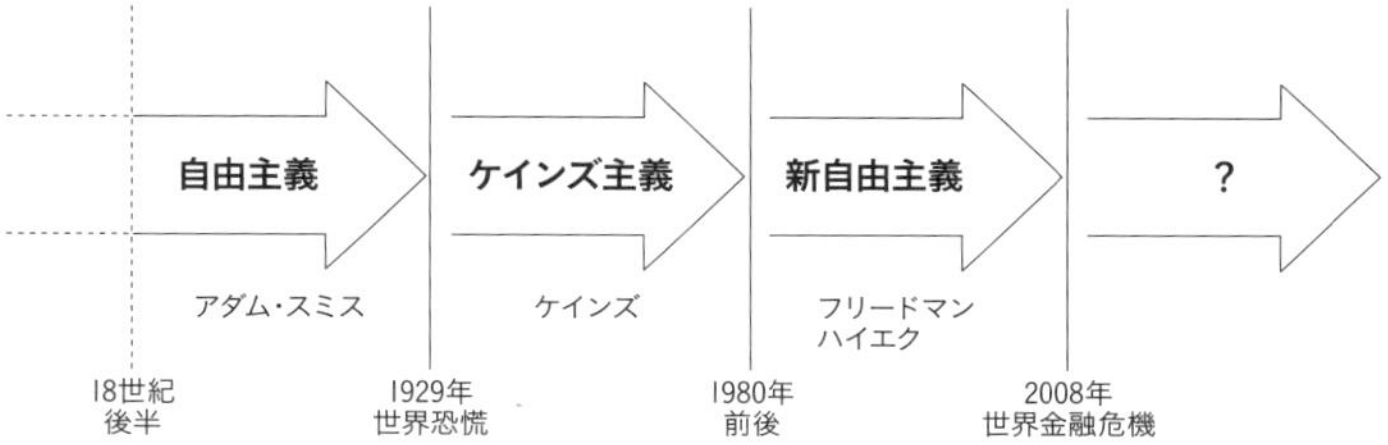

金融危機後は、フランスのサルコジ大統領をはじめとして、世界でも新自由主義への批判が相次いだはずなのだ。

　この新自由主義は、国は経済活動に口を出すのをできるかぎりやめて、市場での自由競争に委ねれば、すべて上手くいくと主張していた。こうして「小さな政府」が目指され、国は余計な手出しをしないことがよしとされた。そのせいで金融の分野に限らず、大企業の利益になるようにあらゆる規制が緩められた。貿易も自由化され、社会保障は削られ、民営化が進められ、非正規雇用が増え、格差が拡大した【註5】。

一〇年)、外国為替取引のわずか一パーセント。

【註5】日本の小泉政権が行った構造改革は、典型的な新自由主義の政策。

〝旧〟自由主義と新自由主義

ではなぜ〝新〟自由主義と言うのだろうか？　〝旧〟自由主義とは何か？

〝旧〟自由主義とは、経済に関して言えば、一八世紀イギリスのアダム・スミス（⇒Ｐ１３９）から始まる古い経済学が唱えた、市場や自由貿易を重視して政府の介入を抑える自由放任主義を指す。「神の見えざる手」に任せれば上手くいくという説だ。

自由主義は長らく経済学の主流だったが、一九二九年から始まる世界恐慌によって見直しを迫られ、〝大きな政府〟を目指すケインズ主義に取って代わられた。ケインズ【註6】は国家が介入して失業や不況を解決するべきだとして、それまでの自由放任主義を退けた。三三年からアメリカの大統領になったＦ・ルーズベルトが取ったニューディール政策は、ケインズ主義的政策の代表例だった。ケインズ主義は第二次大戦後の資本主義国で、普通に採用されるようになった。

しかし、その〝大きな政府〟主義も、国の出費がかさむなどの問題を募らせてきた。そうすると七〇年代には、ハイエク【註7】、フリードマン【註8】といった

【註6】Ｊ・Ｍ・ケインズ（一八八三―一九四六）。イギリスの経済学者。一九二九年の世界恐慌の結果を研究し、政府が政策で需要を作り出すべきだとして、〝ケインズ革命〟と呼ばれる経済理論の大転換をもたらした。

【註7】Ｆ・Ａ・ハイエク（一八九九―一九九二）。オーストリアの経済学者。経済に限らず、幅広く自由主義の思想を追求した。

【註8】Ｍ・フリードマン（一九一二―二〇〇六）。アメリカの経済学者。国はカネの出回る量を調整するだけでいいというマネタリズムを提唱した新自由主義の中心人物。

ノーベル賞経済学者が再びケインズを批判して極端な自由放任主義を唱えた。これが新自由主義で、八〇年頃からイギリスのサッチャー首相やアメリカのレーガン大統領が取り入れた。ＩＭＦ（国際通貨基金）や世界銀行といった国際金融機関も、借金が返せなくなった国々にカネを貸す代わりに新自由主義の政策を強制して、これを世界中に広めてしまった。

ここで取られた金融自由化政策のせいで、ラテンアメリカやアジアでは、八〇年代以降経済危機が多発した。それが一部の地域に止まっているうちは、学者もそれを「新自由主義の不徹底」のせいにできた。ところが前代未聞の広がりを見せたアメリカ発の世界金融危機の最中では、新自由主義の理屈が間違っていることは誰の目にも明らかだった。今や〝小さな政府〟がいいどころか、政府が大金を貸して企業を助けなければ、我々の社会が壊滅してしまうのだ。

かつて世界恐慌が〝旧〟自由主義を終

新自由主義の主導者、M.フリードマン

わらせたように、世界金融危機は〝新〟自由主義を完全に終わらせるべきだった。

経済学に自然界のことはわからない

ではまたケインズ経済学に戻ればいいのかというと、事態はそんなに単純ではない。もちろん国の赤字をもう増やせないという問題もある。しかも国が公共事業を起こして雇用を生み出そうにも、今となってはそのために環境破壊的な道路やダム工事をするわけにはいかない。そこでオバマ米大統領の提唱した「グリーン・ニューディール」政策が注目を集めることになる。つまり自然エネルギーなどの環境のためにいい産業で雇用を拡大しようと言うのだ。

我々は今や、自然界のことまで視野に入れた経済活動をしなければいけなくなったわけだ。けれどもそんな、ケインズ主義でも新自由主義でも、マルクス【註9】主義でもない経済の理論はない。経済学が見ているのは、ヒトの世界の、それもカネのことだけなのだから。

もう経済学は当てにしないほうがいい。経済学にわからないのは、〝小さな政

【註9】K・マルクス（一八一八―八三）。ドイツの思想家。資本主義社会を批判的に分析して、共産主義社会を構想し、労働者階級による革命を呼びかけた。

府〟と〝大きな政府〟のどちらがいいのかだけではない。カネ以外の幸せについて、ヒトの社会を包み込んでいる自然界について、何もわからないのだ。

ここで一歩引いた視点で見てみよう。もしもっと大きな金融危機が起きて世界中の銀行が潰れたら、人間界だけは大惨事になるが、他の生き物は一体何が変わったのか気づきもせずに生きているだろう。ヒトだけがカネを使い、カネに依存しきっている。この先はカネや経済により依存しない、他の生き物に近い生き方を目指すべきなのだ。そうしないと、この先もカネを操っている連中に翻弄され続けるばかりだ。

通貨危機とバブル経済の仕組み

アジア通貨危機はなぜ起きたか?

マネーゲームや投資・投機のことなど本来なら考えたくもないという人は多いはずだが、これを抑えないことには、今や我々の生きやすい社会もないのだからたちが悪い。

例えば九七年にタイに始まり、マレーシア、インドネシア、フィリピン、韓国などの国々の通貨が次々に暴落して、経済を破綻させた「アジア通貨危機」という大事件があった。そのきっかけを作ったのが、ジョージ・ソロス【註1】という恐らく世界一有名な投機家のファンドをはじめとするヘッジファンド【註2】だった。

これらのヘッジファンドは、九七年の五月にタイ通貨バーツに一斉に〝売り〟

【註1】一九三〇年、ハンガリー生まれの投機家、大富豪。投機とは、よりマネーゲーム色の強い投資のことと言える。

【註2】投資家から私的に資金を集めて、その巨額のマネーを為替や株に運用し、増やして返すことを目的とする会社。

を浴びせ、暴落したところで買い戻して利ざやを稼ぐ〝空売り〟【註3】を仕掛けたのだ。その結果タイ、インドネシア、韓国では財政が破綻してＩＭＦから借金をしなければならなくなった。タイの首相とインドネシアの大統領は失脚し、マレーシアの首相は名指しでジョージ・ソロスを非難した。この通貨危機は九八年以降ロシアから、ブラジル、トルコ、アルゼンチンにまで及んだ。

アジア通貨危機による実質GDP成長率の落ち込み
（日本貿易振興機構）

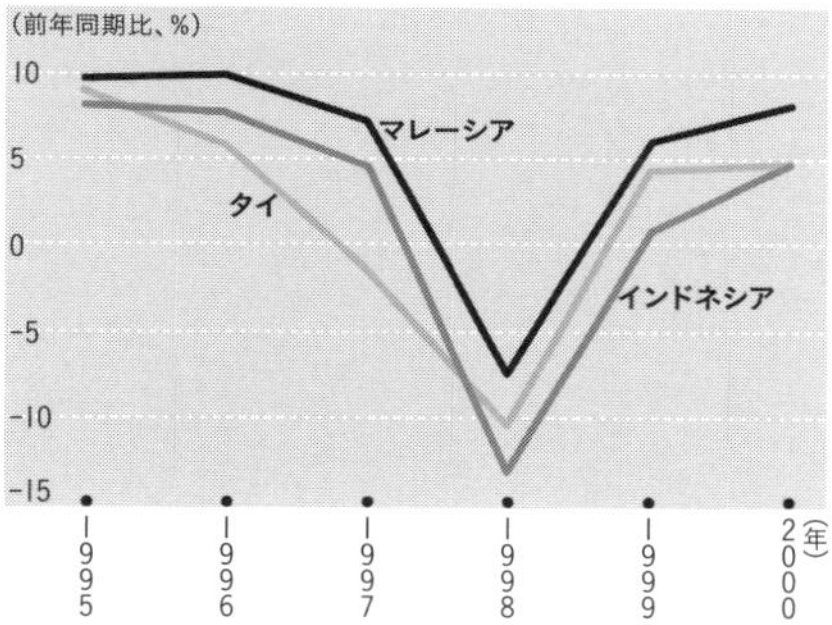

ただし投機家の力だけでは、こんな大きな事態を引き起こせるものではない。彼らはその引き金を引いただけだ。

これらの東南アジア諸国は、この頃バブルの状態にあった。それは金融の自由化政策によって、海外から投資マネー【註4】が流入した（つまり海外からカネを借りまくった）ことから始まった。マネーが流れ込んでいると、貿易が赤字で

【註3】株でも通貨でも、普通の儲けの手口は、安い時に買って後で高くなった時に売るものだが、〝空売り〟はあらかじめ安くなることを見越して、高い時に売っておいて、安くなった時に買い戻すという、下がる局面を利用した儲け方。

【註4】ここでは、普通にモノやサービスのやり取りの対価として支払われるカネと区別して、利ざやを稼ぐために貸し借りされ、右から左に移されるカネを「マネー」と呼ぶ。

も見かけ上それらの国々の経済は順調に行っているように見える。そして投資家（投機家）がこれからは下がると見込んだ時、このマネーは一気に流出を始め（つまり投資家がカネを引き上げ）、経済は破綻し、倒産、リストラ、失業が相次いだ。この後、経済建て直しのために、ＩＭＦの構造調整プログラムを受け入れねばならなくなり、更なる規制緩和と社会福祉などの財政の切り詰め政策が取られた【註５】。

このおびただしいマネーの流入と流出こそが、八〇年代以降世界で頻発した経済危機の主な原因なのだ。

日本のバブル崩壊も同じ

これは残念ながら、我々に関係のない「南」の国だけの話ではない。

日本の八〇年代半ばの金融自由化、バブル経済（マネーの流入）とその崩壊（マネーの流出）、それに続くさらなる自由化（規制緩和・構造改革）に至る流れも、このサイクルに当てはまる。要するに日本で非正規雇用が増えて弱者の切り

【註５】構造調整プログラムとは、日本での小泉構造改革と同様の、新自由主義的改革案。マネーの流出によって破綻した国が、更なる自由化・規制緩和によって経済の停滞を抜け出そうとすれば、また潮時を見計らってマネーが流入してきて……、という同じサイクルを繰り返すことになる。こうしてアルゼンチンは、八〇年代と二〇〇〇年代の二度にわたって経済破綻した。

捨てが行われた原因も、結局は我々の知らないうちに流れ込んでは去っていったマネーのせいでもあるわけだ。

つまり金融の自由化＝グローバル化によって、世界中を投資マネーが儲けを求めて駆け巡るようになった結果、世界の経済はすぐにバブルを起こしては崩壊するという不安定な状態を強いられているのだ。

〇八年の世界金融危機の原因のひとつも、やはりこの世界を駆け巡るマネーがアメリカでバブルを起こしたからだ。そのため金融危機以降は、さすがにこのマネーの流れを抑えようという風潮が芽生えたが、有効な策が取られているとは言いがたい。

「自由化＝グローバル化」はモノとカネの動きを自由にするが、この過剰なカネの動きは、ある意味でモノの動き＝貿易よりもタチの悪い影響を我々に及ぼすと言える。

では、こんなマネーゲームの被害者である大多数の我々には何ができるのか？どこの誰がやっているかもわからないこうしたことに対抗するのは、特に難しく思える。地域通貨を使ったり、国際的なカネのやり取りに対して税金【註6】をか

【註6】世界的なネットワークを持つ市民団体ATTACが導入を呼びかける「トービン税」がその代表的なもの。

けることを要求する、など色々な対策が取られてはいるが、最も簡単で最も必要な〝対策〟は、やはり「抗議する」「文句を言う」ことだろう。

「南」の債務問題と貧困の原因

「貧困は、金銭をもたないことにあるのではない。金銭を必要とする生活の形式の中で、金銭をもたないことにある」

——見田宗介【註1】

なぜアフリカは借金まみれになったのか?

〇五年にボブ・ゲルドフ【註2】は、イギリスで開かれるG8（サミット）に対して、アフリカ【註3】の債務帳消しを要求する〝ライヴ8〟というコンサートを、G8主催国の八ヶ国で同時に開いた【註4】。有名なミュージシャンたちのライヴが、インターネットで世界同時生中継されたのを見た人も多いだろう。けれどもこれは、彼が八五年に開催した〝ライヴ・エイド〟【註5】のようなチャリティー・コンサートではなかった。このイベントで集めたのは、カネではなくG8に

【註1】『現代社会の理論』（見田宗介、岩波書店、一九九六年）より。

【註2】かつてブームタウン・ラッツのリードボーカリストだったロック・ミュージシャンで、アフリカ貧困救済の活動家。

【註3】ここで言う「アフリカ」とは、サハラ砂漠以南の国々を指す。

【註4】ポール・マッカートニー、U2、スティング、マドンナ（以上イギリス会場）、スティーヴィー・ワンダー（アメリカ）、グリーン・デイ（ドイツ）、ビョーク（日本）等々が出演したが、有名ミュージシャンの名前は

提出する署名だったのだ。

なぜなら、ライヴ・エイドで集めた募金二八〇億円は、当時アフリカが返済している借金のほんの一週間分でしかなかったからだ【註6】。どれだけアフリカにカネを渡しても、それは借金の返済として、あっという間に「北」の国々に戻ってしまう。つまり彼は、アフリカの借金を無くさなければ貧困は解決しないという、構造の問題に一歩迫ったのだ。

世界的に、カネは「北」から「南」に流れているのではない。その逆だ。「南」は地下資源や換金作物の輸出でせっかく稼いだカネを、巨額の利子とともに「北」に返しているのだ【註7】。そして世界でも最も〝貧しく〟、借金の多い国に一番カネを貸しているのは日本だ。

ではなぜアフリカをはじめ、「南」の国々は、借金漬けになったのか？　なぜ「北」はそんなにカネを貸したのだろうか？

第二次大戦後、アジアやアフリカでは多くの植民地が政治的に独立した。国は企業や個人と違って、破産できないことになっている。そこで、「北」の国々、

挙げていたら切りがない。ただしセレブ色も濃かった。

【註5】ロック史上最大のチャリティー・コンサート。イギリスとアメリカの二会場から、これもまた当時あまりにも有名なロック・ミュージシャンが出演し、テレビで世界同時生中継された。

【註6】二〇〇〇年代になると、それが四日分になる。つまり、アフリカの返済金額は、ますます増えている。ただし、ここで重要なのは、借金の額そのものの大きさよりも、その国のＧＤＰや収入（つまり、返済能力）に対して、返済金額が大きすぎることである。

ライヴ8のスクリーン(ロンドン)に映るボブ・ゲルドフ
(Photo by richardk)

「北」の民間銀行、ＩＭＦ・世界銀行などの国際金融機関が、返せるかどうかも二の次にカネを貸しまくった。

六〇年代には、ヨーロッパの銀行に溢れていたドル（ユーロ・ダラー）が、七〇年代には石油の値上げ（「北」から見れば〝石油危機〟）で産油国が儲けたカネ（オイル・ダラー）が、「北」の民間銀行に預けられ、その銀行から「南」の国々に貸し付けられた。

またオイル・ショックで不況になった「北」の国々の産業界は、国内での需要が見込めなくなった。彼らが「南」に進出できるように、「北」の国が援助と称して行った貸し付けの被害も大きかった。原発を「南」に輸出したい「北」の国が、何千億円ものカネを貸すのは最近目立つ

アフリカの借金の額自体はむしろ小さい。

【註7】アフリカは七〇年から〇二年までに、五四〇〇億ドルを借りて、元本を超える五五〇〇億ドルを返したが、それでも三〇〇〇億ドルの借金が残った。

ケースだが、こうした自国の企業のインフラなどを買わせるためにカネを貸すことは、〝ひも付き援助〟と呼ばれ批判されている。

借金を利用した支配

では、巨額の借金を抱え込んだ「南」の国々は、どうすればいいのだろうか？ 返済のためには、米ドルのような強い外貨を稼がねばならないので、彼らにできることと言えば、まずは換金作物や地下資源を輸出することだった。このため、世界の換金作物の市場では、供給が増えすぎて価格が暴落したため、輸出国は稼げるはずだったカネも稼げなくなった。

こうして八〇年代には、「南」の国々全体で借金が返せなくなる「債務危機」が起き、九〇年代にはアフリカでまた同じ危機が起きた【註8】。

しかもこれらの借金は、ほとんど「南」の人々を豊かにしなかった。確かにその巨額のカネで道路、ダム、発電所、鉄道等々のインフラはできた。けれども、それらは資源を掘り出して世界市場へ送り出すためのものか、ほとんど役に立た

【註8】借金が返せなくなると、ＩＭＦが出てきて資金援助と新自由主義的な政策提言をするが、それは、それでもなお借金を返させるためのものだ。これによって「南」の国は、教育のための予算など社会福祉に使っていた費用を削らざるをえなくなった。

ない大規模工事で、工事を受注した「北」の大企業を儲けさせただけだった。

あるいは単に、「南」の国の権力者の懐に入っただけのカネも多かったが、そんなカネまでが、「北」が彼らをコントロールするために役立っていた。

それなのに、医療費、教育費などの社会福祉を削られながら、借金の返済をさせられるのは、もちろん「南」の人々なのだ。

「援助」などという言葉に騙されてはいけない。「北」の国々は植民地時代のように、“力”で「南」を搾取したり支配したりすることはできなくなった。そこで代わりに使われるようになったのが、カネの力、あるいは借金なのだと言える。

貧困とは配分の誤り

最後に補足として、こうした格差・貧困問題とその解決方法について付け加えておこう。今の世界では、貧しい層にカネが行き渡らないのは景気が悪かったり、経済成長が足りないせいだ、という決めつけが行われているが、これは正しいのだろうか？

まず世界の格差の現状を見てみよう。国連大学の調査で以下のことがわかった【註9】。

●一パーセントの人々が世界の家計資産の四〇パーセントを独占している【註10】。
●二パーセントの人々が世界の家計資産の半分以上を独占している。
●貧しい半分の人々が所有する資産は、世界の家計資産の一パーセントにすぎない。
●高所得国でも純資産がマイナス（負債）で、世界の最貧困層にランクされている人が数多くいる。

では、この格差はどうすれば解決できるのか？　飢えた「南」の人々を救うためにも、経済成長の必要性が説かれている。円グラフのように丸いパイの一片（ピース）を大きくするためには、パイ全体を大きくすればいい、というのが経済成長主義の理屈だ。

これはおかしい。ピースを大きくするためには、全体のなかでの各ピースの配分を変えるだけでいいはずだ。パイ全体を大きくすれば、確かに小さな一片は、多少は大きくなる。そして大きいほうの一片は、もっと巨大になる。これが「全

【註9】国連大学、二〇〇六年の調査より。
【註10】これについては、二〇〇〇年のデータ。

体を大きくする」説を唱える側の狙いなのだ。

　これは日本国内の貧困についても言える。日本がＧＤＰの上では〝豊かな国〟であるとしても、その相対的貧困率は一六・〇パーセントであり、主要国では最悪のレベルである【註11】。そしてこの貧困と「カネがない」という問題すべての解決のためにも叫ばれるのが、決まって景気回復であり経済成長なのだ。

世界の富の偏在を表す図

（1992年、国連開発計画の報告）

20%の人が82.7%の富を独占している。上のほうばかりが膨らんでいるため〝シャンパングラス〟と呼ばれる。

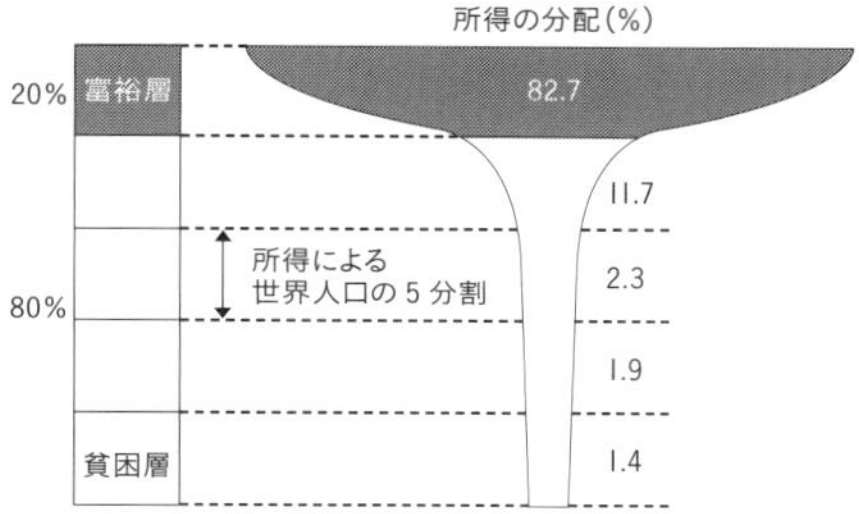

　では、日本で最も好景気が長く続いたのはいつだったか？　それは六〇年代でも、八〇年代でもなく、二〇〇二年から〇七年までの六九ヶ月間だ。「いざなぎ越え景気」などと呼ばれた。けれども、この時期に景気がいいと実感した人は少ないだろう。この時期にこそ貧富の格差が拡大し、非正規雇用が増え、給与の額も減り続けたからだ【註12】。これは経済

【註11】厚生労働省の二〇一〇年調査より。〇六年の一五・七パーセントという数字でさえ、ＯＥＣＤ諸国で、メキシコ、トルコ、アメリカに次いで四番目に高かった。ただしここで言っているのは、格差の大きさを表す「相対的貧困率」のこと。

【註12】民間給与実態統計調査（国税庁）より。

が成長しても、貧困の解決にはならないことを如実に示す例だ。

さらに、食料問題を例に取ってみよう。今地球上では人類の全員が食べていくために十分な食料が作られている。しかし食料が足りない地域と余っている地域が共存している。つまり食料の場合も、総生産量が足りないのではなく、単に配分の仕方が間違っているのだ。これは「富」全体のこととして言える。

貧困とは、元々配分の誤りなのだ。環境や資源の限界を考えれば、パイ全体はこれ以上大きくならないことも明らかだ。配分をまともにして、ごく一部の人間が富を独占するのをやめれば、経済規模などむしろ小さくなっても、世界は十分に成り立つに違いない。

反抗のしかた 5 宮下公園ナイキ化反対運動～自分たちの場所を作る～

「自分たちの手で公園を作る」という抵抗

日本のように、大企業が行政と一体になって圧倒的な力を持っている国でも、それに抗って自分たちの世界を守ろうとする動きは始まっている。渋谷の宮下公園を、〝ナイキ化計画〟から守る運動はそのひとつだ。

〝ナイキ化計画〟とは、渋谷駅から徒歩数分という絶好のロケーションにある宮下公園の施設命名権（ネーミングライツ）を、渋谷区がナイキジャパン社に一〇年間一億七千万円という格安の値段で売り払うものだ。それに伴ってナイキが資金を出し、有料のスケートボード場とロッククライミング施設を増設する、全面的な改造工事を行う。宮下公園はスポーツ施設をいくつも作れるほど広い公園ではない。これによって、この公園に住む野宿者は追い出され、貴重な公共の場がスポーツ用品メーカーの商売に利用されてしまう。

普通なら、一度決まってしまったことだからと諦めるだろう。けれども、諦めない連中もいるのだ。

二〇一〇年三月、工事のために公園をフェンスで封鎖しようとやってきた渋谷区の職員と業者を、〝みんなの宮下公園をナイキ化計画から守る会〟（以下〝守る会〟）のメンバーなどが、激しい抗議で追い返した。ここから宮下公園では、工事をさせないためのテントを張った泊り込みの監視行動が始まった。この運動は工事を止めるための直接行動でありながら、同時に企業に頼らず自分たちの手でよりよい公園を作ろうとする、非常にポジティブなものになった。

公園を守る面々は、ここにカフェや、ベンチ、テーブル、椅子、アート作品、インフォセンター、案内板などを設置して、誰もが利用しやすい空間を作った。さらにそこで映像作品の上映会やライヴ、DJパーティー、トーク・イベント、パフォーマンス、ワークショップ等々を行い、何十人もの人を集めていた。ある種の名所となったこの公園には、イベント目当ての人だけでなく一般の利用者も数多くやってきて、公園の〝再開発〟は成功していたのだ。

自分は公園内に張られたフェンスの外側の使えなくなったスペースに、誰でも勝手に野菜やハーブを植えられる畳六畳分くらいの小さな畑を作り、インターネットで参加を呼びかけた【註1】。ペパーミント、コリアンダー、葉ネギ、シソ、ラディッシュ、ホウレンソウ、春菊、

【註1】「宮下ゲットー・ガーデン」と名づけたが、名前の由来はP185を参照。もともとこうしたコミュニティ・ガーデンは、七〇年代ニューヨークの中心部の荒れて使えなくなった土地に、ゲリラ的に花や木を植えたのが始まりだった。

トウモロコシ……と、訪れるたびに植物の種類が増えていて、ネームプレートやアート作品を設置してくれた人もいた。

公園には木が多く日当たりが悪かったため、大した収穫は得られなかったものの、野菜をその場でパンにはさんで皆で食べたり、監視行動の食事に使ってもらった時には、〝やった甲斐〟というものを感じた。「みんなで食べ物を作り、食べる」という行為は、まさにこの場での反抗のしかたにふさわしいと思えたからだ。

アクションが行われていた頃の宮下公園
Photo by Kenichiro Egami

スポーツ施設で野宿者を追い出せ

ここで、〝宮下公園のナイキ化〟の経緯を振り返っておこう。

この公園を特殊なものにしたのは、野宿者の存在だった。九〇年代の後半頃から増え始めた野宿者が一〇〇人以上にもなった〇三年に、渋谷区は彼らを追い出す目的でこの細長い公園には大きすぎる二面のフットサル・コートを作った。野宿者は三〇～四〇人に減ったものの、まだ物足りない区がさらなる追い出しのために企んだのがナイキ化計画だったのだ。

この頃ナイキは、九〇年代後半からアメリカで着手していた、地域社会にスポーツ施設を作ることで自社のブランドイメージを上げる戦略を東京でも始めていた。すでに宮下公園に近い美竹公園と代々木公園にバスケット・コートを作っていたが、次に狙ったのが宮下公園だったのだ。こうして渋谷区とナイキの利害が一致し、ナイキにコネのある区議会議員、フットサル・コートで追い出しを図った議員らが、民主的な手続を取ることなく秘密裏に計画を進めた。〇八年にこの計画が発覚すると、守る会が野宿者と野宿者を支援する人たち、公園の利用者、その他一般の市民などから結成された。守る会は年に何度ものデモを企画したが、参加者が楽器などを鳴らしながら進む、カーニバルのような〝手作りサウンド・デモ〟が恒例となっていた。また宮下公園の夏祭りの開催、ナイキ本社前や街頭での抗議行動、世界同時行動の呼びかけなど、様々なアクションを試みていた。

それにもかかわらず渋谷区は、非公開でナイキへの命名権売却の契約を交わし、公園下の代替小屋へ移動させるなどで三～四人にまで野宿者を追い出していった。公園の新しい名前は、「宮下NIKEパーク」とすることになっていた。

そして渋谷区は一〇年九月、とうとう監視の隙を付く早朝に野宿者を力ずくで運び出し、公園全体の封鎖を強行した。一〇月には行政代執行により、公園に設置されたテントや作品、ベンチなどすべてを撤去した。さらにここに住む最後の野宿者の小屋も予告なく壊し、長年にわたる野宿者一掃の悲願を達したのだ。

封鎖された宮下公園の入口に集まった人々
Photo by 小川てつオ

これに対して守る会や反対する人々が、集会、デモ、告訴、街頭やナイキ本社前での抗議などで対抗。行政代執行に対しては、公園の出入口で座り込みを行い、その様子がテレビで全国に放送されて話題になった。

その一〇月にナイキジャパンは、初めて国内向けに声明を出し、公園の名前は宮下公園のままにすることを明らかにしたのだ【註2】。つまり施設命名権を買ったが命名はせず、それに付随する全面的改造工事だけはするという異常事態になったわけだ。

結局改造された公園は「みやしたこうえん」

【註2】ナイキジャパンは「反対派に配慮したわけではない」とコメントしている。けれども、わざわざ命名権を買い名前まで決めていたのだから、反対運動がなければ、こんな方針の変更をすることなど想像できない。

という平仮名表記で一一年四月にオープンした。公園の渋谷駅側の半分は完全にスポーツ施設で埋まり、一般の人が利用できるスペースはほとんどないという異常な公園に変わった。夜間は鍵がかけられ、もう誰もここで夜を明かすことはできない。

皆のものが企業に私物化されていく

ナイキにスケートボード場やロッククライミング施設を作ってもらって得をするのは、それらの特殊なスポーツをするごく少数の人、つまりナイキの顧客層だけである。こうして公共の空間は次々と商売の道具に変わり、カネのない者、消費しない者が損をする世界がますます広がっている。

宮下公園のナイキ化は、もちろん「民営化」に他ならない。確かに公園の所有権までは売られていないが、所有権を移さずに私企業が設計や資金調達、運営などを担当する民営化が、今世界では主流なのだ【註3】。民営化とは"privatization"の訳語であり、つまり元は企業による「私物化」を指す言葉だ。民営化は新自由主義の基本政策で、「北」でも「南」でも、鉄道や病院などの公共のものや、水や種子などの共有のもの(コモンズ)がどんどん企業のものになり、カネの原理に飲み込まれてしまっている。

【註3】PFI(プライベート・ファイナンス・イニシアティブ)という。民営化の第二波として九〇年代前半のイギリスに始まり、日本でも小泉構造改革の一環として全国に広まった。ただし宮下公園のケースのように、企業が施設命名権を買い取ったついでに、公園の改造まで自由に行うなどというやり方は異例であり、こうしたことまでが許されるのかどうかは改めて検討する必要がある。

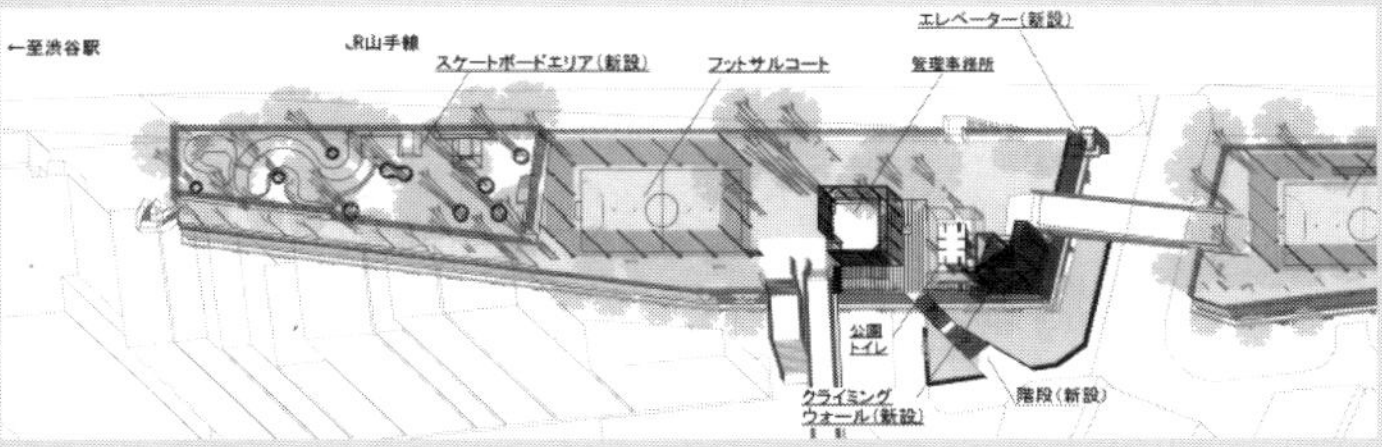

宮下公園（渋谷駅側）改造イメージ図（渋谷区）。敷地内がスポーツ施設で埋まっている

宮下公園の問題は、野宿者の問題、民主的な手続の問題、大企業の問題など、いくつかに分かれているように見える。けれどもこれらは恐らく、こうした大きな問題のいくつかの側面にすぎないのだ。宮下公園自体は小さくても、この問題は決して小さくない。これは今、世界で起きていることの縮図なのだ。そしてここで、反対をしながら本来の世界を取り戻す運動が起きたこともまた、世界で起きていることと同じである。

第四章

自然界とのつながり

人間界の外側

物質から生物が生まれた

まず夜に、窓から外を見てみよう。星が見えるはずだ。

星とはなんだろうか？　我々が見るほとんどの星は、〝恒星〟である。恒星とは自ら光っている星で、太陽はこの数え切れない恒星のひとつにすぎない。

その太陽の周りを、八個の自分では光らない星〝惑星〟が回っていて、地球はその内側から三番目である。地球ができたのは、太陽の誕生から数億年後の四六億年前で、地球上で生物が使うエネルギーの大部分は、この太陽から来ている【註1】。

――さて、この本の最後の章では、我々ヒトと自然界のつながりを見ていこう。それは経済の価値観に覆われてひどく狭くなった我々の視界を、大きく開いてく

【註1】ただし例外はある。例えば化学合成細菌と呼ばれる生物は、光エネルギーではなく、体内で無機物を酸化した時に生じるエネルギーで有機物を作る。ヒトが使う地熱や原子力も、太陽起源ではない。

れる。別の価値観のためのヒントも見えてくるはずだ。まずは「自然界」と「人間界」の成り立ちを見ながら、人間界の仕組みではなく、この世界の〝本来の仕組み〟を確認しておきたい。

まずは、地球上の生物の歴史から見てみよう。

宇宙のなかのヒトの位置づけ

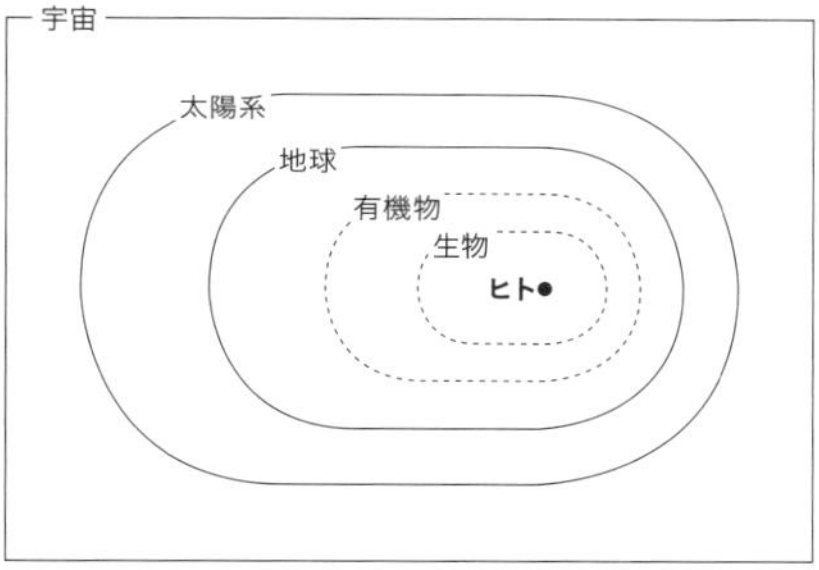

できたばかりの地球の表面では、原子と分子がぶつかり合って、複雑な化合物を作り上げていった。こうして無機物から、生物体を構成する有機物【註2】が生まれた。このような生物が生まれる前の段階にある、物質が複雑になっていく過程のことを、「生物進化」に対して「化学進化」と呼んでいる。生物だけではなく、物質も進化をしてきたのだ。

そして三八億年前。こうした化学進化

【註2】有機物とは、炭素原子（C）を含む化合物のこと（ただし二酸化炭素など少数の簡単な構造のものを除く）。かつては、「生物によってのみ作られるもの」と定義されていた。

の結果、原始の海に生じた〝核酸〟【註3】などの有機物を膜（細胞膜）が包み、その内側を一定の状態に保つことができる組織が生まれた。これが生物の誕生だ。最初の生物とは、我々がよく知っている一個の細胞である。

この最初の生物のうち、あるものはそのままの形で今も生き続けている。そしてあるものは「生物進化」を繰り返し、たくさんの細胞からできた複雑な体を持つ生物になっていく。

やがて海の中で、光合成をする生物が誕生した。光合成とは、太陽の光と二酸化炭素と水からブドウ糖【註4】と酸素を作ることで、太陽の光のエネルギーを物質の中に閉じ込めることに成功したのだ。こうして光合成生物は大繁殖し、大気中にはほとんど存在しなかった酸素が、二〇億年前までには今と同じ二一パーセントほどの大気中濃度になった。この〝大気汚染〟で地上の生物の多くは死滅してしまった。

この生物絶滅の危機を救ったのは、呼吸する生物の誕生である。呼吸生物は、光合成とはまったく逆に、酸素とブドウ糖を分解して、二酸化炭素と水を排出することで、一定量のエネルギーを得た。つまり植物の作った物質を分解して生き

【註3】リン酸を含む複雑な有機化合物。遺伝子の本体となる物質で、生命現象が営まれるところには、必ず存在している。

【註4】炭水化物（糖質）を構成する基本的な単位である「単糖」のなかでも、最も代表的なもの。

呼吸と光合成は逆の反応

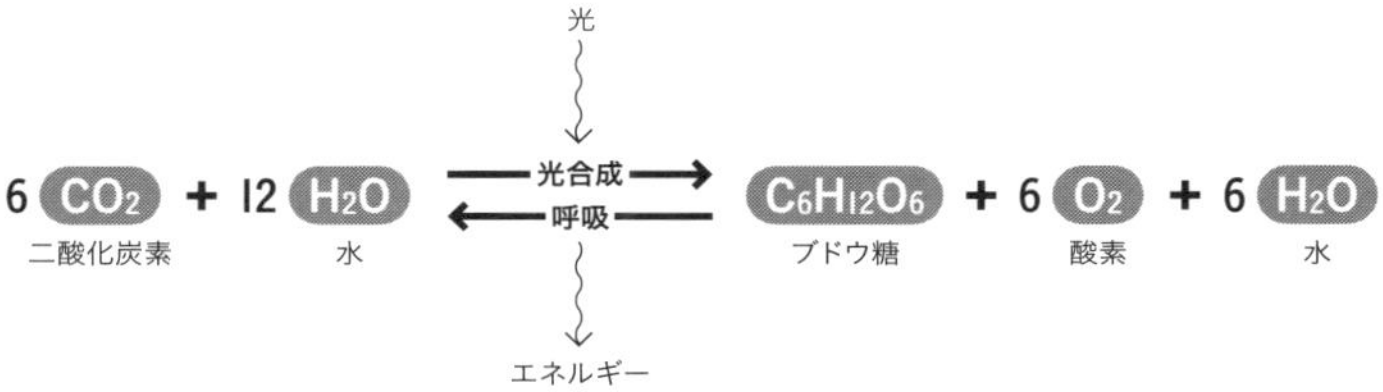

るのに必要なエネルギーを取り出すという、今我々がやっている栄養の取り方が出来上がった。

我々が生きるということは、こうして太陽の光のエネルギーを取り込んで利用し、自分のなかの自律性・恒常性を保つことだ【註5】。

こうして現在ある地球の生態系が出来上がった。この生態系は光合成と呼吸、生産と消費と分解・還元などの絶妙なバランスの上に成り立っていて、我々生物が縦横無尽に結びついて、物質を循環させエネルギーをやり取りすることで保たれている。

【註5】けれどもすべての秩序立ったものは、必ずより無秩序な状態へ移行し、ひとりでに元に戻ることはない。これは無機物であれ生物であれ、絶対に避けられない掟だ。こうして体内の秩序を保っていた生物も、エネルギーの補給が切れ老化が進めば、この法則に逆らいきれず、無秩序が増大して死に至る。これが「エントロピーの法則」（熱力学の第二法則）と呼ばれるものだ。地球の生態系も太陽が燃え尽きるまでの命であり、それはあと五〇億年後と推定される。

カネを使う生物・ヒトの登場

そして、いよいよここにヒトが登場する。

今から五億年前、生物が陸に上がった。この陸上で、脊椎動物のなかに哺乳類が生じ、そのなかに霊長類が生まれ、そして二〇万年前、ついにヒトが誕生した。

ヒトは一万年前に農耕を始め、五〇〇〇年前には最初の古代文明を起こした。ヒトは〝カネ〟という便利な、交換を媒介する道具を発明し、同時に富が簡単に保存できるようになった。そして五〇〇年前には、ヨーロッパからヒトのなかでも皮膚の色の白い白色人種が船で世界進出を始め、世界中の富を収奪し、ヨーロッパに集中させた。彼らはその富によって、二五〇年前には産業革命を起こし、資本主義社会を誕生させた。

そこから今に至るまで、産業革命（工業化）と資本主義社会は拡大を続け、今や人間界の全般に行き渡るほどの勢いである。経済成長することは、全世界を覆う永遠の命題のように思える。

けれどもそれは、そう見えているだけのことなのだ。

自分の周りには、ヒトが作り上げている「人間界」がある。都市とはヒトだけが生きやすいように作られた人工的な場所で、他の生き物もあまりいないし、いても見えにくくなっている。そこにいると世の中にはヒトだけが生きていて、人間界全般で起きている出来事は、すべての場所で起きていることのように思えてくる。人間関係こそが〝関係〟のすべてであって、この関係に失敗してしまったら、何もかもがおしまいという気にもなるだろう。

それでもこの人間界は、やはり「自然界」の一部分にすぎないのだ。ヒトはあくまでも生物の一種であって、個体数からしても全生物の極々一部分でしかない。生物は有機物の特殊なひとつの形であり、有機物は同じく無機物の特殊なひとつの形にすぎない。そしてこの無機物からできている世界は、地球のほとんどの部分

地球の歴史を一年間に当てはめた図
(『地球データマップ』日本放送出版協会、他)
ヒトの歴史はあまりにも短い。

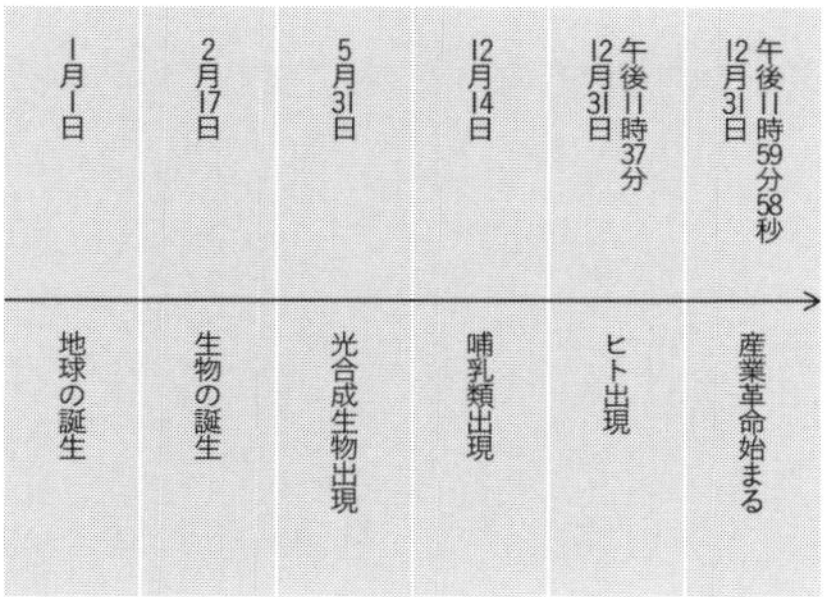

を構成し、地球に限らず全宇宙に広がっている。

生命は無機物の海に生じた波頭のようなものだ。

ついつい忘れそうになるこのことも、都市がこれほど発展していなかった産業革命以前は、感覚的に誰もがわかっていたことだろう。

〝永遠の経済成長〟など、この人間界だけが目指していることで、しかも人間界においても、ここ何百年かの間、つまりつい最近になって言われだしたことでしかない。それを含んでいる自然界は、相変わらず増えも減りもしない物質をグルグルと循環させて、エネルギーをやり取りしている。永遠の命も、永遠に減ることのない〝富〟も存在しないし、ましてや永遠の成長などあるはずもない。

〝関係〟についても誤解をしてしまいがちだ。都市に生きていてもヒトは、他の生き物とエネルギーのやり取りをしないと生きていけない。他の無機物とも、衣食住のすべてを通して関係している。自分がヒトである以上、人間関係は最も重要な関係ではあるが、それがすべてではない。人間関係もまた、様々な自然界に張り巡らされた関係の一部分にすぎないのだ。すべての人間関係に失敗してしまったとしても、まったく一人ぼっちになったわけではない。

我々の身体も物質循環している

では今度は昼に、窓から外を見てみよう。

あのまぶしく光っているのが、一番近い恒星・太陽だ。あの光のエネルギーは空気や水を動かし、植物によって物質に閉じ込められ、それを取り出すことで生物が生きている。つまり太陽の光を分けあっている。ここにある木の葉も水も、想像もつかない昔から、地球上のこのあたりでずっと物質循環を繰り返してきた。今自分の体になっている物質、炭素（C）や水素（H）や酸素（O）や窒素（N）も、ある時はそんな木の葉や水だっただろう【註6】。もともとこの世界にあるのは、これらの増えも減りもしない物質であって、それがたまたま今はこうして、自分の体という形を取ってまとまっていると言うべきなのだろう。

それが宗教が言ってきた輪廻や転生なのだとしたら、そういうことは確かにあるだろう。それなら生ははかなくないし、死は絶望的でも一巻の終わりでもなく、ここは閉じ込められた檻のなかでもない。むしろ、この世界に愛着が湧いてくる

【註6】ヒトの体の九五パーセント以上は、炭素、水素、酸素、窒素というわずか四つの原子からできている。

ようだ。

——自分が常々こんなことを思い巡らしているのは、実は地球のためではなく、自分が楽になるからだ。我々はヒトだけの世界から離れて自然物に囲まれていると、気分が楽になる。憩いの場所には、なぜか植物が植えられている。人間界の仕組みは、不自然で息苦しいのだ。そんな時に自然界に触れると、ヒトは〝本来の仕組み〟を思い出して落ち着くのかもしれない。

大豆と消えゆく農業

「食料自給できない国を想像できるか？　それは国際的圧力と危険にさらされている国だ」

――ブッシュ前米大統領

農業をしている人は平均六六歳

日本の農業の将来のことを思うと、背筋が寒くなる。そもそもこの国で農業に就業している人は総人口の二パーセントしかいないが、その平均年齢は六五・八歳にもなる。そのうちの六割は六五歳以上で、五〇歳未満はなんと一二パーセントしかいない【註1】。耕作放棄地も年々増え続け、今の農民の多くは「農業は自分の代限り」と覚悟しているという。

もしこんな会社があったら、その会社の将来を想像してみてほしい。食料自給

【註1】二〇一〇年「世界農林業センサス」（農林水産省）より。

率の向上どころではなく、この状態が続けば一〇年以内には、日本の農業は終わってしまうとも警告されている。

農業を捨て石にして工業と貿易でカネを儲けていこうというのが、戦後日本の国策だった。そして農業がこんな状態になった今も、自動車など工業製品の輸出をしやすくすることが〝国益〟だと言い張って、闇雲に貿易の自由化政策を進めている。日本の農産物の平均関税率はすでに一二パーセントという低さ【註2】、食料自給率は四〇パーセントという主要国では最低のレベルであるにもかかわらず、だ【註3】。TPPはもちろん放射能汚染も、農業に押しつけられた工業優先のしわ寄せと言える。ここまで農業を冷遇すれば、やりたいと思う人がいなくなるのは当然のことだ。そんなことでいいのか？　というわけでここでは、日本で暮らす者の準主食と呼ばれる農産物「大豆」を通して、日本の農業の問題を見ていこう。

大豆の自給率五パーセントの理由

【註2】韓国の農産物平均関税率は六二パーセント、EUは二〇パーセントである。ただし補助金によって競争力をつけているアメリカは六パーセントと低い。

【註3】どれだけたくさんの食べ物をどれだけ遠くから持ってきたかを表す指標「フードマイレージ」は、日本が世界最大である。

大豆の自給率と輸入量の推移
（農林水産省）

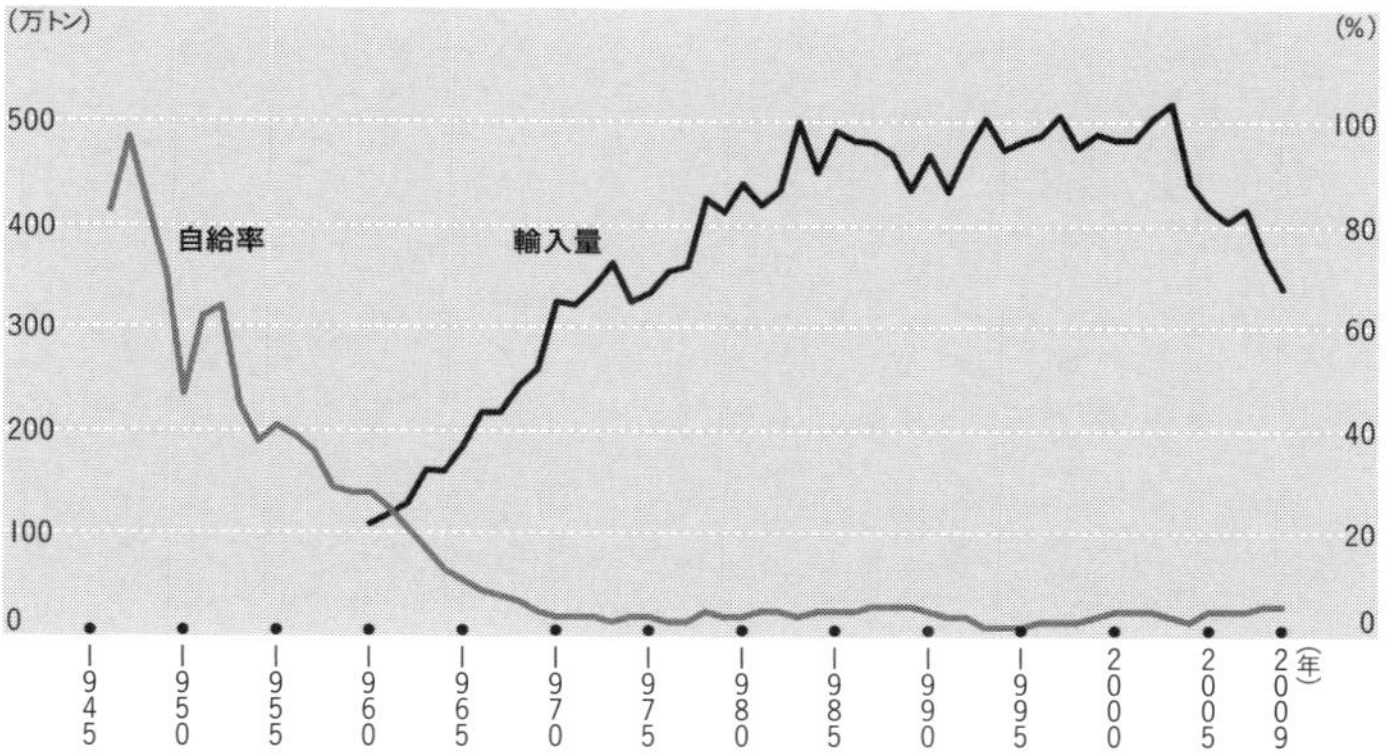

大豆は日本人にとって、コメに次ぐ重要な農作物だった。和食に欠かせない、味噌、醬油、豆腐、納豆などはどれも大豆からできているし、枝豆、豆乳、きな粉なども大豆だ。

それなのに日本の大豆の自給率は一九七〇年頃から、大体五パーセント前後で推移している。五二年には自給率六四パーセントだったが【註4】、六一年には輸入が自由化され、七二年には関税が撤廃され、国産大豆は輸入大豆に完全に敗れた。アメリカ大豆は政府の巨額の補助金によって生産費より安く（！）輸出され、国産大豆の三分の一以下の値段で流れ込んできたのだ。

【註4】ちなみに戦前は植民地化していた満州から大豆を輸入していたため、自給率はそれほど高くはなかったという、それはそれで問題の多い経緯もある。

日本人の洋食化と肉食化が進んだため、大豆は製油用、飼料用の作物としての需要も伸びたが、それを補ったのがアメリカからの安い輸入大豆だった。九四年のNAFTA【註5】発効によりアメリカ産の安いトウモロコシが流れ込んできたメキシコは、トウモロコシの世界的原産地でありながら、世界第二位のトウモロコシ輸入国に転落した【註6】。これと同じ異常事態がそれ以前の日本で起きていたのだ。

ここ十数年の間に、輸入大豆をめぐる事情は遺伝子組み換え（GM）品種の登場によってさらに悪化した。

このGM作物ビジネスの中心にいるのが、多国籍バイオ化学企業モンサントだ。この会社はかつてはその有毒性から世界各国で製造禁止になったPCBや、ベトナム戦争時にアメリカ軍が撒いた枯葉剤【註7】の、そして今は世界で最も売れている除草剤ラウンドアップの製造元として知られる。

ただこのラウンドアップはあまりにも強力なので、雑草だけでなく作物まで枯らせてしまうという問題が生じていた。そこでモンサントはその毒性を弱めるの

【註5】NAFTAとは北米自由貿易協定の略（⇒P76）。

【註6】ちなみに最大のトウモロコシ輸入国は日本、三位は韓国。

【註7】枯葉剤はもともと、アメリカで普通に使われていた除草剤を混ぜ合わせたものだった。

ではなく、それを浴びても枯れない作物を、遺伝子操作によって開発することで問題を〝解決〟しようとした。こうしてできたのが、九六年にアメリカで初めて認可されたＧＭ作物である「ラウンドアップ・レディー（耐性）大豆」だったのだ。

各国の農業就業人口の年齢別構成
（2005年度『食料・農業・農村白書』より）
日本の農民の高齢化が目立つ。

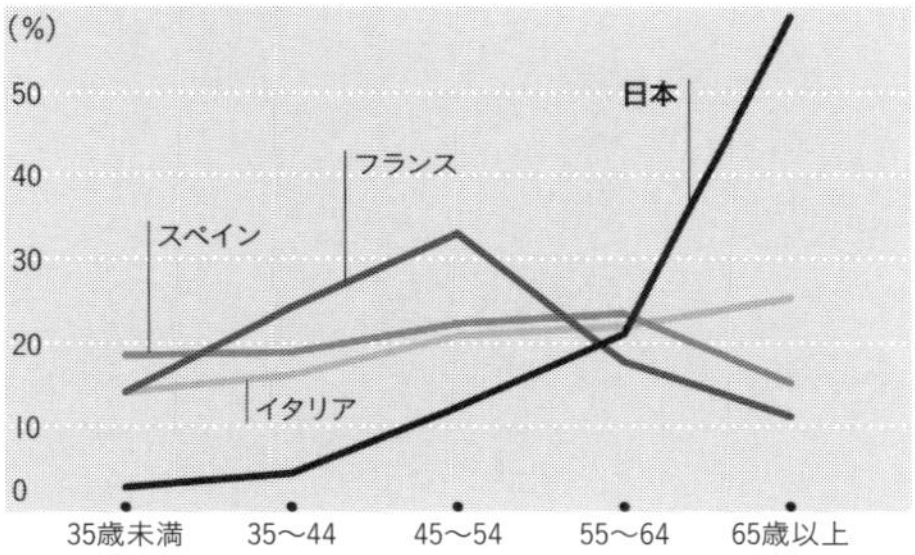

さらにモンサントは菜種（カノーラ）、トウモロコシ、綿花と次々にラウンドアップ耐性品種を商品化し、同時にそれらの種の特許権まで取得した。これによって、農民がＧＭ作物から自家採種して翌年蒔くことは「特許権の侵害」と見なされ、毎年蒔くたびに大量の種をモンサントから買わなければならなくなった。こうしてモンサントは農薬の販売量を減らすどころか、種とセットで世界中に売りつけることで、膨大な利益を上げている

のだ【註8】。

日本の輸入大豆の七割近くはアメリカからのものだ。アメリカ大豆の九割以上がGM大豆であり、GM大豆の大部分がラウンドアップ耐性大豆だと言われる。我々は自分の国の大豆畑を潰して、こんなものをはるばる輸入しているわけだ。

日本では、大豆の七割は搾油用に、そしてその搾りかすは家畜の飼料用に使われる【註9】。味噌や醬油や豆腐の原料が遺伝子組み換え大豆でないものを選んだとしても、植物油、マーガリン、マヨネーズ、その他無数の油を使った加工食品に、モンサントの大豆が入りこんでいる。「買わない」というやり方でどうにかなる問題ではない。

もちろんGM作物の「食の安全」は保障されていないし、ラウンドアップという農薬が環境や人体にとって安全でないことは問題だ。けれども、それだけではない。こんなやり方で人と自然界にコストを押しつけて、国からの補助金でさらに安く売る力をつけた企業が、日本はもちろん世界中の中小農家を潰して一人勝ちしていることも大きな問題なのだ。

【註8】現在世界第三位の大豆生産国となったアルゼンチンでは、モンサントが種苗会社をすべて買収したため、ほぼ一〇〇パーセントがGM大豆となっている。

【註9】日本、中国、韓国などのアジア（特に東アジア）地域以外では、大豆は搾油用、飼料用の作物と見なされている。

「生きる」とは「食べ物を作り、食べる」こと

では、身のまわりに農業がなくなることは、経済学者や政治家の言うように、単に儲からなくなった産業が消えるという程度のことだろうか？

自分が、曲がりなりにも畑で自然農を始めて四年目になる（⇒P207）。大豆も毎年作っているが、それを枝豆として初めて茹でて食べた時の「確かな手ごたえ」のようなものを、今も憶えている。それもそのはずだ。それまで、自分が食べるものがどんな風に育ち、どんな風に生《な》るのか、まるで知らなかったことが異常だったのだから。そしてより強く思ったのは、本来なら生きていくということは、例えばこうして食べ物を育てて食べることであって、カネを稼ぐことではなかったはずだ、ということだ。

自動車工場がグローバル化によって閉鎖されていったデトロイトでも、治安の悪化もあって白人の四〇パーセントが逃げ出し、その跡地などを許可なく耕して野菜を作る〝ゲットー・ガーデン〟が広がっている。自動車工場がなくなった今、自分たちで食べ物を作ることにしか未来はない、という思いがあるという【註10】。

【註10】参考：『いよいよローカルの時代』（ヘレナ・ノーバーグ＝ホッジ、辻信一、大月書店、二〇〇九年）、他。

これはどう見ても、他人事ではない。

そして生き物にとって食べること、食べ物を作る（または採る）ことは、生きることそのものであると同時に、生きている環境と深くつながる行為でもあった。「身土不二《しんどふじ》」とは「体と土はひとつのもの、生き物とその生きる環境は切っても切れない関係にある」という意味の言葉だ。最初に中国の仏教で使われた時には、必ずしも食べ物のみについての言葉ではなかったが、日本では明治以降、食養あるいは農などの分野で、食べ物の地産地消を勧める際に使われてきた【註11】。確かに、生きる環境とのつながりを一番感じさせるものは食べ物であって、その人に合う食べ物は、その土地で採れるものであるはずなのだ。自分が行くこともできないような遠い場所の食べ物を食べなければ生きていけない生き物はいないのだから。

例えば、雑草を抜かない我らが畑にいるバッタの一群は、暖かくなって草が生えてくると卵からかえり、夏に向けて生い茂っていく草を食べながら成長する。そして冬前には卵を土のなかに残して死滅する。やがて畑の雑草も、土中に種を

【註11】参考：『身土不二の探究』（山下惣一、創森社、一九九八年）。

残して枯れる。そしてまた翌年に草が芽を出すと、バッタが生まれてくる。バッタと一年草はこのサイクルを繰り返している。

これを見ていると、動物／植物、生物／非生物という区別から離れれば、バッタは畑の一部分であるように見える。まさに身土不二であり、他の生き物とその環境の関係も多かれ少なかれこういったものだ。

そのなかで都市生活をしているヒトだけは、自然界とつながっているとは言えない。ましてや食べ物の六割を海外からの輸入に頼っている我々は、身土不二どころではない。けれども都市がコンクリートの地面のそこここに、本来は必要のない土や木や虫や鳥を残して、自然界の記憶を留めようとしているように、せめて我々も身近に農業を残しておくべきではないのか。生きることとは本来どういうことだったかを忘れないためにも。

経済のグローバル化の被害者は、「南」の国の人々や日本の農民だけではない。農業の記憶を失いつつある我々もまた、被害者と言えるのだ。

水を買わせる仕組み

「水ほど効率のいい商品はない。普通はただで手に入るが、わが社はそれを売っている。何しろ、この製品は生命にとってなくてはならぬものだから」

——スエズ社・メストラレCEO

いつから水を買うようになったのか？

「水を買う」——水に恵まれ、原発事故でもなければ水道水も安全に飲め、その味の評判もいいこの国で、なぜこんな習慣が広まっているのか？

例えば、エビアンやボルヴィックといった銘柄の水（ミネラルウォーター）を飲む場合、わざわざフランスから水を輸入して飲んでいることになる。こんなものを飲むのをやめて水道水を飲むだけで、どれだけの自分のカネと、ペットボト

ミネラルウォーターの国内生産と輸入の推移(日本ミネラルウォーター協会、財務省関税局)
2011年は震災・原発事故の影響で、異例の高い値を示した。

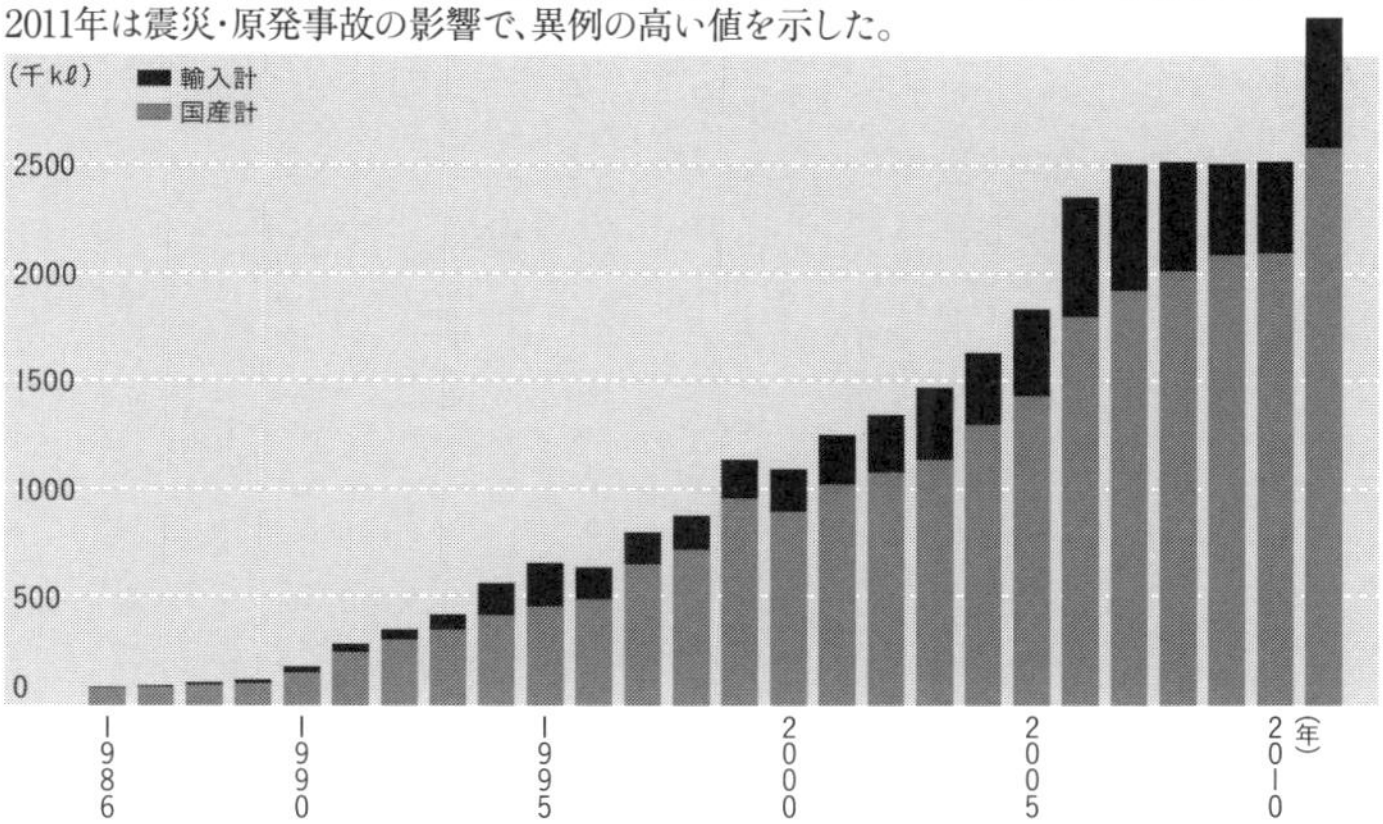

ルの原材料になり輸送にも使われる石油の節約になるか知れない。水道水なら、五リットル飲んでも一円にも満たないほどの料金だ。

　だというのにこの国は四二万キロリットル、一リットルのペットボトルにして四億本以上の水を輸入してしまっている【註1】。

　まずは、日本で水が買われるようになった経緯を見てみよう。一般の日本人が水を買って飲むという習慣は、八三年より前にはなかった。なぜ八三年なのかというと、その年に初の一般向けミネラルウォーター『六甲のおいしい水』が発売されたからだ【註2】。

【註1】二〇一〇年、日本ミネラルウォーター協会の統計より。また農産物などを輸入することによって、それを作るために必要な大量の水を、間接的に消費、あるいは輸入していると見なすこともできる。こうした水を「バーチャル・ウォーター」と言い、日本は国内での使用量と同程度の水を輸入していることになるため、問題視されている。

【註2】ウーロン茶や紅茶、スポーツドリンクといった、〝限りなく水に近い〟清涼飲料が本格的に発売されたのも八〇年代からで、緑茶は九〇年代からである。決して古くから

八九〜九〇年には、ミネラルウォーター市場にサントリーやキリンの子会社が参入し、一般向けの水の消費量は、ようやく業務用を上回る。また九〇年代には、エビアンのボトルを首からぶら下げる〝ボトルホルダー〟までが注目されてしまい、若者が街でミネラルウォーターを飲むのがカッコいいかのような宣伝がなされ、輸入水のシェアが大きく伸びてしまう。こうしてミネラルウォーターは着実に生産量を伸ばし、今では年間二五〇〇万キロリットル以上を生産・輸入し、清涼飲料の生産量の一三パーセント以上を占めるに至った【註3】。こうして見ると、ここ二〇年か三〇年くらいの間に、大企業は水をカネ儲けの道具にしはじめたことがわかる【註4】。

またこの「水の商品化」は、注目すべき世界的な傾向でもある。アメリカでは日本に先駆けて、七〇年代からミネラルウォーターの生産が伸びている。ただし二大ブランドであるペプシとコカ・コーラの製品は、もともと水道水を浄化したものなのだ。我々は本来買う必要もない「単なる水」を、まんまと買わされている。

そしてこうした大企業が狙っているのは、水に限らず、「共有物（コモンズ）」全般の商品化なのだ。

必要とされていたわけではない。またお茶類も飲食店などではタダで出してもらえる飲み物であり、ウーロン茶の発売当初は売り出した側でさえ、「これにカネを払う人がいるのか？」と疑問視していた。

【註3】二〇一〇年。全国清涼飲料工業会、日本ミネラルウォーター協会の統計より。

【註4】駅から水飲み場がすっかり撤去された後、〇六年に「JR東日本ウォータービジネス」などというミネラルウォーターをはじめとする清涼飲料を売る専門の会社が設立された、といったケースも非常に示唆に富む。

グローバル企業の水道支配

ヒトは成人で一日約二・五リットルの水を吸収し、排出している。ヒトが生きている限り、これだけの水は絶対に必要になるのだから、この水を商品として売ることができたら、どんなに安定した需要のある巨大なマーケットになることだろう。

　我々のまわりにボトル入りの水が溢れだしたここ二〇年ほどの間に、この夢は世界的に現実のものとなってきている。

　まずグローバル企業は、安全に水が飲めない地域へボトル入りの水を売り込むようになり、その結果、貧富の差が安全

インドのコカ・コーラ工場前で抗議する人々
(Photo by 春日匠)

な水の入手を左右するようになった。またコカ・コーラ社などは、インドの工場で地下水を汲み上げすぎたために、近隣の井戸が干上がってしまい、住民から訴訟を起こされ、〇六年に一時は商品の製造販売の禁止を命じられている。

水道事業の民営化もまた、同じ時期に世界に広まった新自由主義政策の下で、グローバル企業の新たな〝水商売〟になっている。水道民営化が実施された国は「北」「南」を問わず、世界で一〇〇ヶ国以上におよび、特にフランスの大手二社（スエズ、ヴェオリア）が、その給水人口の七割を独占している。

ただし民営化しても、こうした水企業の謳い文句どおりに水道料金が安くなった事例は乏しい。南米ボリビアのコチャバンバ市では、一九九九年の世界銀行の勧告により、水道事業を民営化した。その結果水道料金が何倍にも値上がりし、最低月給が一〇〇ドル以下なのに、水道代が二〇ドルにも上った。市民はストライキをはじめとする大抗議行動を行い、街の機能は停止。結局水道事業は、公営に戻されたのだ。

水は最も重要な共有財産

しかしそもそも、水を企業から買うという仕組みにしていいのか？　つまり水の供給を資本主義の原理に委ねていいのか？　地下水までが、最初に土地を囲った者の私有物なのだろうか？

ここで水と生物の歴史を振り返ってみよう。地球ができたのは四六億年前だが、すでにその五億年後には、今とほぼ同量の水が地球上にあったとする説が有力だ。地球は水の惑星である。三八億年前に生まれた生物は、その後長い間水から出ることができず、我々のような陸上生物が出てきたのは、ほんの五億年前のことだ。ヒトの体の六〇〜七〇パーセントが水なのは、長い間水の中で生きてきた証とも言える。今でも水中にいるクラゲに至っては、体重の九九パーセント以上が水であり、その水分含有率は牛乳より高い（！）。生物とはもともと、「水に浸っている」存在だったのだ。だから「水に溶ける」という物質の性質を利用しないと、生物は代謝が行えない。

水とはそれほどに欠かせない存在であり、広く見れば生物は土よりもむしろ水に依存してきたと言える。陸上生活をしていると忘れそうになるが、地球表面の面積の七割は海、つまり水である【註5】。

水は生物にとってこれほど決定的に重要なものだ。その入手できる／できないを、カネのある／なしに左右させてはならない。またこれほど貴重な財産を、特定の企業に独占させることも極めて危険だ。水こそ公が管理し、皆で共有すべきものの筆頭と言えるだろう。

グローバル資本主義の最後のフロンティアは、「公共物」あるいは「共有物（コモンズ）」だ。つまり、誰にとってもあまりにも重要なので公で管理していたものを商売の道具にすること。今では、水や種子といった自然界に属する共有財産、あるいは教育や医療といった公共サービスが狙われている。もしかしたら、「空気」の商品化まで狙われているかもしれない。

だからこそ、今世界で巻き起こっているグローバル経済に反対する運動では、「地球は売り物じゃない！」が合言葉になっている。

【註5】ただしそのなかで、ヒトが利用可能な淡水の割合は、わずか〇・〇一パーセント。水は我々が考えているほど潤沢な資源ではない。二〇二五年には、人類の三分の二が水不足に悩まされると言われている。

霊長類とビタミンC

ビタミンCが作れない霊長類

毎年五、六個の実をつける小さなミカンの木を育てている。これが、自分が霊長類だったことを思い出させてくれるのだ。

ミカンの実は、春に大量の花がついたあとに、小さく生って少しずつ大きくなる。この時の色はもちろん緑だ。それが夏を過ぎて秋になり、ちょうど手のひらでつかめるほどのサイズになる。そして晩秋に向けて色がオレンジに変わると、食べ頃になったことがわかる。

これを手でもぎ取って皮をむくと、なかの房が各々一口サイズに分かれていて妙に食べやすい。まるでヒトのために用意された食べもののようで不思議だ。そもそも果物は、味つけをせずに生で食べても美味しいという、実に不思議な食べものなのだが、この不思議にはちゃんとした理由がある。

六五〇〇万年以上も前から、我々ヒトやサルなどの霊長類は、主に熱帯地方で樹上生活を送ってきた。熱帯雨林の樹上で豊富な食べ物は木に生る果物である。果樹にとっても、実を食べて種を排泄し、広くばら撒いてくれる動物は、自分たちの繁栄のために都合がいい。そこで果樹は、動物に食べてもらいやすい果肉に、消化されない硬い殻を持った種を隠して、果実を付けるようになったのだ。こうして果樹と霊長類は、互いに恩恵を与え合いながら双方が繁栄するという「共進化」の関係を結んだ。

そうするうちに多くの霊長類は、緑のなかから熟れた果物を見分けるために、色覚が発達したと言われている。霊長類以外の哺乳類は、色の見分けがつかない〝色覚異常〟なのだ。

そしてこれと引き換えに、哺乳類のなかでもヒトを含むある種の霊長類だけが別の能力を失った。豊富なビタミンCを含む果物を食べ続けるうちに、我々はどこかの時点で、ビタミンCを体内で合成するための最終酵素を作る遺伝子を欠いてしまったのだ【註1】。つまりビタミンCを体内で合成することができなくなった。ビタミンCは我々が生きるうえでなくてはならない栄養素なので、我々は今も食べものからビタミンCを摂り続けなくてはならないのだ。

類人猿とヒトの分岐
（国立科学博物館HP）

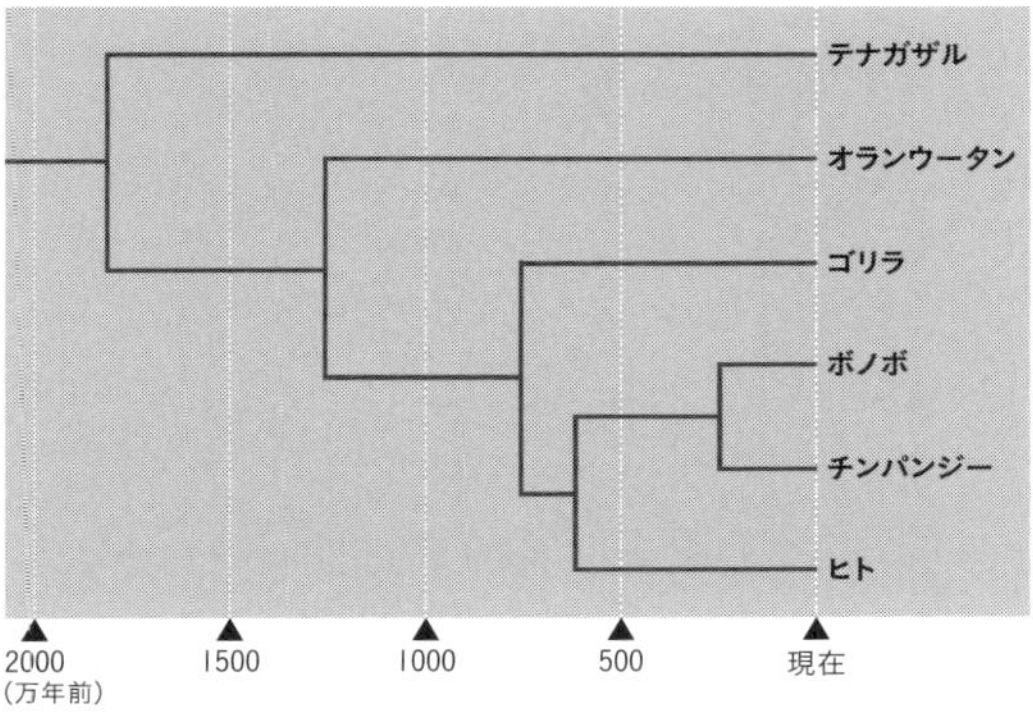

六〇〇万年前、ヒトはチンパンジーから分かれて樹上から降り、森林をさまよい出た。定住生活が始まると、果樹を定住地の近くに植え、栽培を始めた。

時代を下るにつれて、ヒトは森林からますます離れて、急速に都市へ集まりだす。二〇世紀以降だけを見てみても、一九〇〇年には世界人口の一三パーセント（二億二〇〇〇万人）にすぎなかった都市人口は、一九五〇年には二九パーセント（七億三二〇〇万人）、二〇〇五年には四九パーセント（三二億人）に急増し、

【註1】霊長類以外でも、例外的にモルモットの一種は体内でビタミンCを合成できない。

二〇三〇年には全人口の六〇パーセント（四九億人）に達するだろうと予測されている【註2】。

こうした都市化と並行して人類は、柑橘類など果樹の大栽培地を拡大し、果物そのものや果汁ジュースなどの大量生産、大量輸送を行うようになった。

しかし、ビタミンCは「新鮮さ」の指標のようなもので、収穫して時間がたったり、加工したりすると、失われやすい【註3】。それなのに都市部では、取れたての果物や野菜を口にできる機会は少なく、食べ物の輸送距離も伸びる一方なのだ。

森から離れすぎたヒト

二〇世紀前半にヒトは、ビタミンCの正体がアスコルビン酸という物質であることを突き止め、その化学合成にも成功した。こうしてビタミンCは様々なジュースや飴、果物の缶詰などに混ぜられ、さらに現在ではサプリメントとして大量に摂取されるようになった。もともとビタミンC欠乏症（壊血病）は、長い航海

【註2】参考：World Urbanization Prospects :The 2005 Revision (United Nations Department of Economic and Social Affairs Population Division)

【註3】例えばホウレンソウでは、収穫して室温で一週間置いておくだけで、半分のビタミンCが失われる。

などの特殊な環境や、特定の地方で冬の新鮮な果物や野菜のない時期に起こりやすいものだったが、今となってはそこまで心配する必要があるのかと思うほど、人々はビタミンCの不足を恐れている。

この壮大なプロセスのなかの、どこで大幅に間違ったのかは簡単には言えない。しかし少なくとも今、我々ヒトはなんと面倒なことをする生き物になったのか、と驚くには値する。ビタミンCの補給に、一体どれだけの資源や労力を費やしているのか。いい加減に、直接ミカンを枝からもぎ取って食べる方向に戻していくべきだ。我々の目や手のひらが、そうしていた頃から何も変わっていないことだけは確かなのだから。

自然界の循環と死と再生

「再生させる」生物・菌類

我々が生きている人間界では、「生産から消費へ」という流ればかりがもてはやされて、そこにあるはずの、あるいはなければならない、「再生させる」という過程が軽んじられている。例えば、疲れた体を休めること、寝ること。掃除や洗いものといった家事。介護や治療。そして作った商品を直したり、再利用することも【註1】。

けれどもこうした作業は、直接生産に結びつかず、つまりカネをあまり、あるいはまったく貰えないので、価値がないことと見なされがちだ。今となっては「豊かさ」を量るうえで重大な基準となるこれらのことのなかには、「シャドウ・ワーク(影の仕事)」と呼ばれるものもある。

【註1】そのなかで、なぜかリサイクルだけが声高に叫ばれている。もちろんリサイクルは大切なことだが、わざわざ膨大なエネルギーを使って、商品を原材料にまで戻して、一から作り直すよりも、ムダなものを作らないこと、作ったら修理したり、中古品を再利用して使い切ることのほうがよほど大事だ。

そしてこの生産と消費しか目に入らない世界観は、ある意味ではヨーロッパの自然科学でも同じだった。

自然科学では長い間、生物の世界を「植物」と「動物」の二つに分ける二界説が常識だった。植物は太陽光のエネルギーを利用して光合成を行い、有機物を生み出す「生産者」、動物は動き回って植物や他の動物を食べて分解し、エネルギーを得る「消費者」と呼ばれる。

けれどもこれらの生物だけでは、自然界は成り立たない。森は落葉で埋もれてしまう。その影には、生物によって合成された有機物を無機物にまで分解・還元して、再び土に返すことでエネルギーを得る一大生物群「菌類」の存在がある。菌類とは狭い意味ではキノコやカビ、酵母など、菌糸からできていて、胞子で増える生物だが、広い意味では光合成や捕

生物の三界と物質循環の大すじ

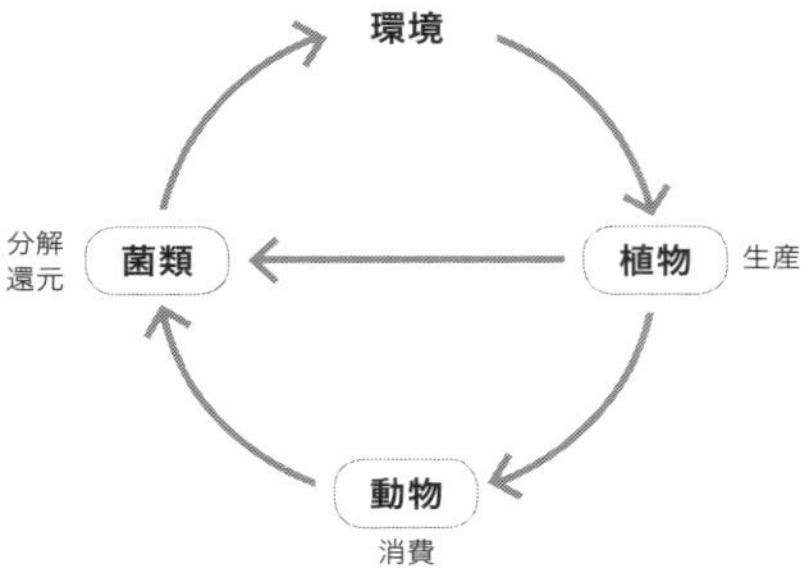

食をせず細胞膜からの吸収で栄養を得る生物ということで、細菌などの微生物も含まれる【註2】。

こうして植物、動物に「分解・還元者」の菌類を含めた生物三界説が唱えられるようになった。この見地に立って初めて、生物界の物質循環が説明されるのだ。食物連鎖の原点である光合成も、植物が根から無機物を吸い上げて葉や枝を伸ばさなければ、十分にはできないのだ。

ヒトはもちろん、この菌類の偉大さを知っていた。酒、味噌、醤油、パンといった基本的な食べものは、この菌類の起こす「発酵」という分解・還元作用がなければ作れないのだ【註3】。また農作業でも、落葉や動物の糞尿等々を分解させて土に混ぜることで、作物はよく育つ。けれども菌類による分解・還元は、陽の当たらない、水分の多いジメジメしたところでこそ活発に行われる。まさにシャドウ・ワークであって、重要な仕事なのに、汚い、暗いというマイナス・イメージを持たれている。

「死」は「再生」につながっている

【註2】キノコとカビの違いは、胞子を作る“子実体”（キノコなら本体と思われているもの）が肉眼で見える大きさか否かでしかない。細菌とはバクテリアとも言い、キノコやカビよりも簡単な構造をしている生物。広義の三界説では、植物、動物以外の生物はすべて菌類に含まれる。菌類は「微生物」と総称されることも多い。

【註3】菌類が行う分解・還元作用のうち、ヒトに役立つものを「発酵」、役立たないものを「腐敗」と呼ぶことになっている。

そう言う自分も、そんなイメージを持っていた一人だった。けれども、菌類は身のまわりにも体のなかにも無数にいて、それらなしでは自らの体の機能もうまく働かないことを知り、見方が変わった【註4】。自分で落葉や生ゴミで堆肥を作って植物を育てたり、酒を作ったり、パンを発酵させたりするうちに、発酵や腐敗が身近に感じられるようになった。近くの雑木林から気に入った色のカビを取ってきて、ガラス容器のなかで培養したこともあった。自分の体から出た髪の毛や爪は、肥料には向かないが気をつけて土に返すようになった。自分の体の一部が、菌類に分解されて土になり、植物に吸い上げられ、その植物が付けた実を、自分や鳥が食べる、という循環を見るのが面白かったのだ。

こんなことをしているうちに、地球上のモノがグルグルと循環していることが、実感としてわかってきた。これがいわゆる「有限なものを無限に使い回すシステム」というものだが、自然界は大体こういう動き方をしている。もちろん我々ヒトも、この自分自身も、この仕組みから独立して存在することなどできない。

【註4】例えばビフィズス菌は、ヒトの腸内に共生して消化吸収を助けている。

それは「死」というものへの感覚も変えるはずだ。「生産から消費へ」の一方向的な世界観には、「生から死へ」の流れしかない(「生産」はまさに「生／産む」ということだ)。けれども分解・還元を含めた循環的な世界観には、「死から再生へ」の過程が付け加わっている。

では、ヒトがこれまで地球上に何百億人生まれたのか知らないが、彼らはみな、どこに行ったのか？　そして自分は、死んだらどこへ行くのか？

もちろん彼らはどこにも行っていない。この宇宙には〝天国〟も〝地獄〟も〝あの世〟もない。どんな宗教や神話を信じている人であれ、事実としては、ヒトが生物である以上、他の生物とまったく同じように、分解・還元されて、有機物や無機物となってこの地球上に散らばったままだ。〝あの世〟も〝この世〟も〝前世〟も、すべてはこの自然界でしかない。

すでに書いたとおり、我々はこの自然界から物質を吸収して成長し、死んだら無機物に分解・還元されて、この自然界に返るだろう。その無機物たちは、他の植物に吸い上げられて、その体を作るはずだ。

生まれて消えるだけの直線的な世界観はとても不安だが、循環的な世界観は落ち着いていて安心できる。そして我々が生きるこの自然界は、循環的にできている。今のように生産物が溢れている我々の社会では、生産より重視されるべきなのはこの「再生」作業だ。

反抗のしかた 6 新しい農業〜増えてきた素人の農民〜

貸し農園の利用者、二〇〇万人

農業をやることは、この経済の仕組みに対する反抗だ。この経済の仕組みに与えられる餌ではなく、自分たちの手で作った食べ物を食べようということだ。グローバル経済に反対する運動では、世界でも日本でも、農民は中心的な役割を担っている。

そして日本では、農業がブームになっている。放射能の問題が起きたので今後の予測は簡単ではないが、少なくとも震災の日まではブームは拡大していた。農業を仕事にする人は減っているものの、貸し農園の利用者は農業就業者二六〇万人に迫る二〇〇万人に上ると言われる。市民農園の数も、ここ一五年で三倍以上に増えた【註1】。

これは単に作るだけに止まらず、食べる、料理する、流通させる、といった食べものの流れに関する、環境保護とも連動したブームなのだ。半農半X【註2】、地産地消【註3】、スローフ

【註1】参考：農林水産省HP「市民農園をめぐる状況」。

【註2】自分で食べる農作物を育てる一方で、個性を生かした自営的な仕事をしながら一定の生活費を得る生き方のこと。

【註3】地元で生産されたものを、地元で消費すること。食べ物について言われる場合が多いが、エネルギーや建材など広い範囲の生産物を含むこともある。

ード【註4】、マクロビオティック【註5】、ファーマーズ・マーケット【註6】等々の盛り上がりも、同じ一連の動きと見ていい。輸入食品に対する不安が、その背景にあると言われている。

本来の「生きる営み」に触れる

自分も三年ほど前から、畑で作物を作っている。友人たちが、東京郊外にある二〇〇平方メ

筆者が参加している自然農の畑
大きくピースマークが描かれている

【註4】各地域の食材や料理を大切にし、環境や生産者を守ろうとする運動。ファストフードの対極にある（⇒P123）。

【註5】戦前に日本人によって提唱された食事健康法。玄米菜食を基本として、暮らしている土地のものを食べること、作物の一部でなく全体を食べること、などを勧める。日本の伝統食を元にしているが、西洋で人気が出た後、日本にブームが逆輸入された。マドンナなど著名人が実践していることでも知られる。

【註6】農家が集まって農産物や加工品を売る「市」。〇六年から代々木公園をはじめとする東京の各所で開かれている「アースデイマーケ

ートルほどの空地を開墾して畑を作ったので、家庭菜園では飽き足らず、そこに加わっているのだ。毎週一回数人で、自然農【註7】に近いことをやっている。土は、菌類などの微生物を生かし、分解を促して土を豊かにするため、なるべく耕さない。もちろん農薬も使わず、作物に付く虫は他の虫や鳥に食べてもらうようにする。もともとある自然界の力に逆らわず、それを利用する農法なのだ。実際にはそんなにうまく行くわけではなく、むしろ草を刈ったり虫を取ったりする手間がかかる。けれども、畑に小さな生態系ができるのが面白く、飽きずに続けている。

一ミリほどの小さな種が見る見るうちに大きくなり、花が咲いて実が生り、そこからまた一ミリほどの種が大量に採れる。そんな当たり前のことに、いちいち感心する。日当たりがいい場所ほど作物はよく育ち、食べる分が増えるのを見れば、光合成の知識などなくても、我々が太陽の光を食べて生きていることがよくわかる。

毎年サツマイモの収穫時には、皆で掘り起こして、その場で焼き芋にしたり鍋に入れて食べる。またそれが驚くほどおいしいのだ。これは味の問題ではなく、生きるということは、こうやって皆で食べ物を作り食べることだという、〝本来の単純さ〟に触れるからなのかもしれない。そんなことを忘れてしまうほど、我々にとって生きるということは、複雑でわけがわからなくなっている。

ット」のような、都市部での大型の市も開かれるようになった。作り手と買い手が直接つながれる場、中間業者に左右されない流通経路として極めて重要である。

【註7】人間の手による作為をできる限り排した、自然状態に近い環境で行う農法。耕さない、農薬・肥料を使わない、草を抜かない、などが原則。

この畑で採れる作物は、自分たちが日々食べている食料の一パーセントにも満たないだろう。本当はこうした〝新しい農業〟ではなく、生計を成り立たせる普通の農業が盛んにならなければいけない。けれどもそこには輸入の自由化や環境汚染など、様々な壁が立ちはだかっている。だからとりあえずは、こういう形での農業が広がっているのを歓迎すべきだろう。たとえ津波や放射能で多くの農地が台無しになっても、〝本来の単純さ〟への憧れがある限り、農業はなくならない。それはベランダのプランターや、部屋のなかの植木鉢でも生きのびることができる。

おわりに

どうすれば楽に生きられるのか。そんなことばかり考え、書いてきた。若い時期の大半を、いわゆる「生きづらさ」の問題との格闘に費やしてしまったからだ。その方法のひとつが、「頑張って生きる」という生き方から降りることであり、また、内面をコントロールすることであり、身体を解放することであり、自然とつながることだった。

その自分がある時期から、楽に生きるためにはこの「経済の仕組み」を何とかしないとダメだろうと思い始めた。国内でも格差が問題になりはじめる頃だ。この仕組みがどうなっているのか、細かいデータに当たりながら熱心に調べ始めたが、いちいち驚き呆れることばかりだった。そんなことをブログや専門の雑誌に書いたり、イベントで話したりするようになった。こうして書き溜めた文章を、全面的に書き直してまとめたのが本書だ。

経済の仕組みに疑問を持ち始めた頃、自分でも極力カネに依存しない生活をしてみたことがある。

ＣＤや雑誌は買わなくなった。本もＤＶＤも図書館で借りるようになった。野菜もある程度は自分で作るようにした。外食も惣菜を買うのもやめて、外で食べる時は簡単な弁当を作った。電車に乗る回数も減らして、自転車や徒歩で行った。飲み物を買わないように、空のペットボトルにお茶や水を入れて持ち歩いた。ライヴや映画も、カネのかかるものは滅多に見ない。遠出の旅行にも行かなくなった。広告だらけのテレビも見なくなり、店に行って新譜や新刊をチェックするのもやめた【註1】。

自慢できるようなことは何もやっていないが、こんなことを心がけているうちに、自分のいる地域のイベントや自然を見て歩くことが増えた。貸し借りや物々交換をすることも多くなった。何につけても、何を買うか考えるのではなく、どこまで自分でできるのか、すでにあるものがどう使えるのかを考えるようになった。

【註1】その代わりに、自分が特に応援する店や物に対しては、思い切ってカネを使うようにしていたし、カンパもよくするようになった。カネ儲け主義の経済を終わらせることは、連帯する経済を作ることなので、これは特に重要。

やがて価値観が変わってきた。新しいもの、工業的なもの、都会的なもの、これらはすべて、それほどいいものとは思えなくなった。古いもの、自然のもの、手作りのもの、地元のものがいいと思えた。この生活は少しずつ元に戻ってしまっても、この価値観は簡単には元に戻りそうもない。単にカネを使わないようにすることが、何か別の大きな地平を切り開いて見せてくれた。

カネを使わないほうが楽に生きられる、とは言えない。むしろ一般的には、何でも買って済ませたほうが楽だとされている。けれどもこうしたほうが、何と言うか、生きることに興味が湧いてくる【註2】。

今自分がデモと、手作りのイベントと、共同運営の畑にばかり行っているのは、そこからの自然な流れだ。高円寺・素人の乱や下北沢・気流舎といった店では、自分でも時々イベントに出たり、あるいはイベントを開いたりしていた。こうした店の〝界隈〟では、贈与経済とも呼ぶべき別の経済が芽生えていて、「脱資本主義」が当たり前に実践されている。

生きやすい社会にするためには、まずは身の周りから変えていけばいいのだ。

【註2】もちろん、生きるうえで必要なカネが不足している人にカネを回すことは、より差し迫った課題だ。それでも社会全体のカネへの依存度を下げることもまた、貧困の問題の解決策なのだ。

あるべき社会のモデルを考えて、その通りに社会全体をひっくり返すまで今の状態を我慢しなければいけないなどということはない。「脱資本主義」などと言うと、「社会主義にするのか」「カネを使わないのか」「昔に戻るのか」などと極端な反論が飛んできそうだが、どれも違う。少なくとも自分は、とりあえず理想とする方向に向かってみて、その先のことはその都度考えればいいという立場だ。なぜなら、どういう社会にすべきかは、それぞれの場所によって違う答があるはずだから。

そして原発事故以降この社会は、この場所なりの脱資本主義に向かい始めていると思う。それに関しては願ってもない、いい傾向だ。

最後に、この本に影響を与えたものを列挙しておこう。また、新潮社の大久保信久氏には特別にお世話になったことも、感謝とともに書き添えておきたい。

サパティスタ民族解放軍／オルター（反）・グローバリゼーション運動／自然農／DIY／サウンド・デモ／新しいアナキズム／地産地消／フェアトレード／辻

信一／ナオミ・クライン／ヘレナ・ノーバーグ＝ホッジ／マイケル・ムーア／ネグリ＝ハート／スーザン・ジョージ／自由と生存のメーデー／ローカリゼーション／パーマカルチャー／『現代農業』増刊／デモクラシー・ナウ！／カフェスローー／素人の乱／気流舎／Irregular Rhythm Asylum／Café★Lavandería／あかね／かけこみ亭／アジア太平洋資料センター／レイヴ／ドラム・サークル／脱原発／反G8／リクレイム・ザ・ストリート／はらっぱ祭り／ひかり祭り／土と平和の祭典／高尾山トンネル工事反対運動／みんなの宮下公園をナイキ化計画から守る会／うさぎ！／地球データマップ／Radio Freedom／見田宗介

二〇一二年四月

鶴見済

主要参考文献

第一章

▼服と綿花とアラル海（初出『オルタ』二〇〇九年七・八月号）
『モードと身体』（成実弘至著、角川学芸出版、二〇〇三年）
『「エコ罪びと」の告白』（フレッド・ピアス著、酒井泰介訳、NHK出版、二〇〇九年）
▼原発の輸出と重工業界の支配
『原発大国へ向かうアジア』（宮嶋信夫著、平原社、一九九六年）
『台湾への原発輸出』（伊藤孝司著、風媒社、二〇〇〇年）
『世界』（二〇一一年一月号、「原発輸出―これだけのリスク」明石昇二郎著、岩波書店）
▼ゴミの輸出と買わせる戦略（初出『オルタ』二〇〇九年九・一〇月号）
『環境と公害』（二〇一一年四月号、「広東省貴嶼における電子廃棄物処理産業の実態」中澤高師著、岩波書店）
『ごみ問題とライフスタイル』（高月紘著、日本評論社、二〇〇四年）
『ごみ問題の総合的理解のために』（松藤敏彦著、技報堂出版、二〇〇七年）
▼コーヒーと南北問題の歴史
『コーヒーのグローバル・ヒストリー』（小澤卓也著、ミネルヴァ書房、二〇一〇年）
『コーヒー学のすすめ』（ニーナ・ラティンジャー他著、辻村英之訳、世界思想社、二〇〇八年）
『コーヒーの真実』（アントニー・ワイルド著、三角和代訳、白揚社、二〇〇七年）
▼スポーツ・ビジネスと搾取工場（初出『オルタ』二〇〇九年一・二月号）
『スポーツと帝国』（アレン・グットマン著、谷川稔他訳、昭和堂、一九九七年）
『アディダスVSプーマ―もうひとつの代理戦争』（バーバラ・スミット著、宮本俊夫訳、ランダムハウス講談社、二〇〇六年）
『W杯ビジネス30年戦争』（田崎健太著、新潮社、二〇〇六年）
『NIKE: Just DON'T do it. 見えない帝国主義』（アジア太平洋資料センター編、現代企画室、一九九八年）
『スポーツで読むアジア』（平井肇編、世界思想社、二〇〇〇年）
▼ジーンズと西洋の文化的侵略（初出『オルタ』二〇〇八年一一・一二月号）
『リーバイス』（エド・クレイ著、喜多迅鷹他訳、草思社、一九八一年）
『グローバリゼーションと文化変容』（遠藤薫編著、世界思想社、二〇〇七年）
『ブランドなんか、いらない』（ナオミ・クライン著、松島聖子訳、大月書店、二〇〇九年）

第二章
▼アルミ缶とインドネシア（初出『オルタ』二〇〇九年五・六月号）
『暮らしのなかの第三世界』（北沢洋子著、聖文社、一九八九年）
『日本人の暮らしのためだったODA』（福家洋介他著、コモンズ、一九九九年）
▼自動車を増やす陰謀（初出『オルタ』二〇〇九年三・四月号）
『クルマが鉄道を滅ぼした』（ブラッドフォード・C・スネル著、安楽知子他訳、緑風出版、一九九五年）
『世界は脱クルマ社会へ』（白石忠夫著、緑風出版、二〇〇〇年）
『大量浪費社会』（宮嶋信夫著、技術と人間、一九九四年）
▼日本人はなぜパンを食べるのか？
『「アメリカ小麦戦略」と日本人の食生活』（鈴木猛夫著、藤原書店、二〇〇三年）
『アグリビジネス論』（中野一新編　有斐閣、一九九八年）
『食と商社』（島田克美他著、日本経済評論社、二〇〇六年）
▼自動販売機はなぜ増えたのか？
『逆欠如の日本生活文化』（園田英弘編著、思文閣出版、二〇〇五年）
『自動販売機の文化史』（鷲巣力著、集英社、二〇〇三年）
▼アメリカが増やしたタバコの輸入
『タバコの歴史』（上野堅實著、大修館書店、一九九八年）
『悪魔のマーケティング』（ASH編、切明義孝他訳・解説・編、日経BP社、二〇〇五年）
▼マクドナルドの何がよくないのか？
『ファストフードが世界を食いつくす』（エリック・シュローサー著、楡井浩一訳、草思社、二〇〇一年）

第三章
▼誰にでもわかる資本主義の定義
『オルター・グローバリゼーション宣言』（スーザン・ジョージ著、杉村昌昭他訳、作品社、二〇〇四年）
▼GDPと自由貿易とカネへの依存
『コーヒー、カカオ、コメ、綿花、コショウの暗黒物語』（ジャン＝ピエール・ボリス著、林昌宏訳、作品社、二〇〇五年）

『世界に格差をバラ撒いたグローバリズムを正す』（ジョセフ・E・スティグリッツ著、楡井浩一訳、徳間書店、二〇〇六年）

▼金融危機と自由主義経済の歴史

『新自由主義』（デヴィッド・ハーヴェイ著、渡辺治監訳、作品社、二〇〇七年）

『資本主義はなぜ自壊したのか』（中谷巌著、集英社、二〇〇八年）

▼通貨危機とバブル経済の仕組み

『悪夢のサイクル』（内橋克人著、文藝春秋、二〇〇六年）

『マネーの経済学』（日本経済新聞社編・刊、二〇〇四年）

▼「南」の債務問題と貧困の原因

『利潤か人間か』（北沢洋子著、コモンズ、二〇〇三年）

『世界の貧困をなくすための５０の質問』（ダミアン・ミレー他著、大倉純子訳、つげ書房新社、二〇〇六年）

『２８０億円はたったの４日分にすぎない』（アジア太平洋資料センター） http://www.parc-jp.org/teigen/2008/280okuen.pdf

第四章

▼人間界の外側（初出『CV』創刊準備号）

『菌と人と自然と』（寺川博典著、学会出版センター、一九八九年）

『自我の起原』（真木悠介著、岩波書店、一九九三年）

▼大豆と消えゆく農業（初出『オルタ』二〇〇九年一一・一二月号）

『遺伝子組み換え企業の脅威』（「エコロジスト」誌編集部編、安田節子他監訳、緑風出版、一九九九年）

『２００７年版食料白書　日本人と大豆』（食料白書編集委員会編、農山漁村文化協会、二〇〇七年）

『穀物をめぐる大きな矛盾』（佐久間智子著、筑波書房、二〇一〇年）

▼水を買わせる仕組み

『「水」戦争の世紀』（モード・バーロウ他著、鈴木主税訳、集英社、二〇〇三年）

『水ビジネス』（吉村和就著、角川書店、二〇〇九年）

▼霊長類とビタミンC

『フルーツ・ハンター』（アダム・リース・ゴウルナー著、立石光子訳、白水社、二〇〇九年）

『新しい霊長類学』（京都大学霊長類研究所編著、講談社、二〇〇九年）

▼自然界の循環と死と再生
『発酵』（小泉武夫著、中央公論新社、一九八九年）

コラム
▼デモ
『社会運動の力』（シドニー・タロー著、大畑裕嗣訳、彩流社、二〇〇六年）
▼サパティスタ民族解放軍
『グローバルとローカルの共振』（石黒馨他編、人文書院、二〇〇七年）
▼世界社会フォーラムと自律スペース
『貧困と不正を生む資本主義を潰せ』（ナオミ・クライン著、松島聖子訳、はまの出版、二〇〇三年）
『ひとつのNO！たくさんのYES！』（ポール・キングスノース著、近藤真理子訳、河出書房新社、二〇〇五年）
▼ラテンアメリカ革命
『反米大陸』（伊藤千尋著、集英社、二〇〇七年）
▼宮下公園ナイキ化反対運動
みんなの宮下公園をナイキ化計画から守る会　http://minnanokouenn.blogspot.com/
宮下公園アーティスト・イン・レジデンス　http://airmiyashitapark.info/wordpress/

カバー写真　ToonariPost-A News Mash Up / antwerpenR / PaulSteinJC / Tracy O
marissaorton / avlxyz / 威爾 Family ♥ Ryan,Will,Lilian / Nicholas_T / DonkeyHotey
401K / ndrwfgg / celesteh / gtorelly / Meanest Indian / WoodysWorldTV / fuzheado

ブックデザイン　大久保裕文＋河野章太（Better Days）

脱《だつ》資《し》本《ほん》主《しゅ》義《ぎ》宣《せん》言《げん》

グローバル経済《けいざい》が蝕《むしば》む暮《く》らし

発　行　二〇一二年六月二〇日
三　刷　二〇二一年三月二〇日
著　者　鶴見済《つるみわたる》
発行者　佐藤隆信
発行所　株式会社新潮社
〒一六二—八七一一　東京都新宿区矢来町七一
編集部　〇三—三二六六—五六一一
読者係　〇三—三二六六—五一一一
http://www.shinchosha.co.jp
印刷所　大日本印刷株式会社
製本所　大口製本印刷株式会社

ISBN978-4-10-332461-4 C0095

水惑星の旅　椎名誠

「水」が大変なことになっている！　水格差、淡水化装置、健康と水、雨水利用、人工降雨、ダム問題――。現場を歩き、水を飲み、驚き、考えた、警鐘のルポ。《新潮選書》

水の健康学　藤田紘一郎

長生きの秘訣は水にあった！　知れば知るほど不思議な水の性質とからだの関係をやさしく解説。老化や病気の予防に役立つウォーター・レシピも紹介する。《新潮選書》

発酵は錬金術である　小泉武夫

難問解決のヒントは発酵！　生ゴミや廃棄物から「もろみ酢」「液体かつお節」など数々のヒット商品を生み出した、コイズミ教授の〝発想の錬金術〟の極意。《新潮選書》

地球システムの崩壊　松井孝典

このままでは、人類に一〇〇年後はない！　環境破壊や人口爆発など、人類の存続を脅かす問題を地球システムの中で捉え、宇宙からの視点で文明の未来を問う。《新潮選書》

強い者は生き残れない　環境から考える新しい進化論　吉村仁

生物史を振り返ると、進化したのは必ずしも「強者」ではなかった。変動する環境の下で、生命はどのような生き残り戦略をとってきたのか、新説が解く。《新潮選書》

地球の履歴書　大河内直彦

海面や海底、地層や地下、南極大陸、塩や石油などを通して、地球46億年の歴史を8つのストーリーで描く。講談社科学出版賞受賞の科学者による意欲作。《新潮選書》